となりの小さいおじさん

大切なことのほぼ9割は手のひらサイズに教わった

瀬知洋司

アルソス

となりの小さいおじさん

大切なことのほぼ9割は手のひらサイズに教わった

カバーデザイン／森 裕昌（森デザイン室）
本文デザイン／森デザイン室
イラスト／橋本 豊

はじめに

はじめまして。編集ライターの瀬知洋司と申します。

書き出しからなんですが、わたしは「小さいおじさん」と一緒にいます。

再度、書きます。

もう40年近く、わたしは小さいおじさんと暮らしています。

これを書いているいまも、わたしのすぐ目の前、デスクトップパソコンのモニターのすぐ前に立ち、キーボードを叩くわたしを見つめています。無表情で。

見つめているのは背が低い中年男性——、ではありません。

小さな小さなおじさんです。なお、おじさんというのはわたしが勝手にそう呼んでいるだけで、いわゆるこびとです（※こびとは蔑称という意見がありますが、ここでは蔑称として使っていません。その点はご理解ください）。

大きさは手のひらに乗るくらい。わたしの職業に照らした説明をすると、書店の棚に並んでいる新書の天地（高さ）の半分くらいです。

わたしの経歴を簡単に述べると、二つの出版社で雑誌や書籍の編集者としての勤務を経て、いまはフリーランスで本の企画や編集のお手伝いなどをしています。

単行本の作家の代わりに原稿（初稿＝ドラフト）を書く仕事もあります。作家が書いた原稿を出版社の社員編集者に代わって編集する仕事もあります。面白そうな人がいたら作家にならないかと提案することもあります。作家と出版社の間に入ってトラブルを終わらせるような面倒な交渉も、たまにあります。

単行本の原稿を執筆するためには、作家へのインタビューを何度か行ないます。短くて10時間。長ければ20時間を超えます。インタビューというのは苦楽が入り交じるカオスな時間です。最長は38時間（1冊分）でした。

ジャンルとしては、絵本とエロ本と料理本を除く幅広い分野に携わりました。社員とフリーランスの時代を合わせると２５０冊前後になるでしょうか。

本の前か後ろに、構成とか、編集協力とか、企画協力とか、そういう肩書きの人物が掲載されますが、そこが黒子《くろこ》であるわたしの居場所です。最近はあまりありませんが、以前は一般雑誌のインタビューや取材記事も担当しました。

本の裏方とは言え、知力も体力も忍耐力も求められます。気配りや気遣いも当然。結果としての売り上げ（増刷数）や返品率でもチェックされます。

高圧的な作家や態度の悪い編集者との仕事ではイラつくことも多いですが、表に出ないよう静かに封印する――。これも裏方のルール。限界がありますが（笑）。


そういう地味な仕事をしてきた人間が、これからこびと＝小さいおじさんについてのドキュメントを書く。しかも実話として。

ひっそりと隠すのをやめ、表に出す。

もちろんリスク大。取引先の信頼が吹き飛ぶかもしれないし、仕事がなくなるかもしれません。それでもいいのかと何度か自問しました。

嘘つき呼ばわり、病気呼ばわり、詐欺師呼ばわりされ、ネットで誹謗中傷されるような事態も想像しました。そのたびに心がざわつきました。

わたしを知る人々は驚くだろうし、呆《あき》れる人もいるでしょう。おまえは一体なにを言い出すんだと失笑する光景も頭に浮かびました。

わたしを知らない人は「こいつ大丈夫か」「気持ち悪っ」と引くかもしれません。

でも、こうして書き始めたんですよね。

理由が二つあります。

一つ目は、ここ数年の間に世を去った友人や知人たちです。

病気、事故、自死……、様々な形で他界した人の大半が、亡くなる少し前まで普通に暮らしていました。朝、会社に行く直前に脳出血で倒れてそのまま逝《い》った知人。がんと診断されて2カ月後に他界した友人。事故に巻き込まれて亡くなった取引先の方。色々と悩んだ末に自死した友人・知人も二人います。

交流のあった人間が突然この世から消えるインパクト。全員、わたしと同世代か、前後の世代です。ショックでした。50歳手前で脳梗塞となり、半身麻痺でいま必死にリハビリ中の知人もいます。ラガーマンでスポーツ万能でした。

「人間はいつ死ぬかわからない。いつ壊れてもおかしくない」

自分もいつ他界するかわからないぞと意識し始めました。

だからいくら誹謗中傷されようとも、まだ元気なうちに書いて残そう――。

そう考えたのです。

なにかを書く上でだれかに気を使うこと自体、バカバカしいと思えるようになったこともあります。そもそも、だれがなにを書こうと自由ですから。

どう見られているかなんて、心底どうでもいいと思えるようになりました。

二つ目は、小さいおじさんとの交流が持つ価値です。

詳細は本文で書きますが、小さいおじさんと遭遇するのは限られた人間に与えられた特権じゃありません。すべての人間に小さいおじさんとコミュニケーションを取るチャンスがあります。ここはぜひ覚えておいてください。

この世界には膨大《ぼうだい》な数のおじさんがいます。

でも、ほとんどの人間が見えません。だからそんなものいるわけがない、しょせんオカルト、作りごとに決まっている――、大勢がそう笑い飛ばします。

でも、いるんです。

わたしはおじさんから多くを学びました。

人生で大切なことのほぼ9割を、小さいおじさんに教わりました。

メンター（助言役）であり、コーチでもある。不思議な存在です。

人類の敵じゃありません。好意的です。もちろん口やかましいことやへこむようなことも言われますが、それは人間（この場合はわたし）を思ってのこと。そういうおじさんと一人でも多くの人が出会い、コミュニケーションを取れるようになること。

それがおじさんの野望（笑）

わたしから3点、皆さんにお願いがあります。

まず、なるだけ気楽な姿勢で、こいつなんか変なこと言ってるぞ、くらいのレベルで読んでください。

次に、小説ではないので、ドラマチックな展開は期待しないでください。

さらに、なんか面白いぞと感じたら、最後までおつき合いください。

それではスタートします。

目次

第一章

おじさん、あんたは一体なんなんだ？

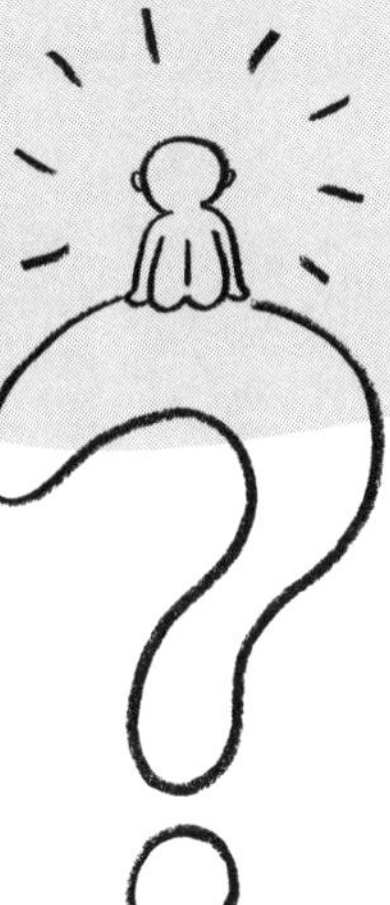

パワースポットと神様の真実

わたしは神社以外のパワースポットと呼ばれる場所には行きません。

パワスポは強いエネルギーをいただけると言われる場所です。

古来いわれのある場所、スピリチュアル的に気が満ちていると言われる場所、そこにいると未知のパワーをもらえるなどと言われる場所。

そういう場所が世界のあちこちにあると言われています。

で、そういう場所にわたしは行きません。


とは言うものの、2008年の秋まではパワスポが大好きでした。

パワスポを広めたスピリチュアル作家たちの影響もありました。

しかし、あるときを境にパタッと行かなくなりました。その理由は、いまわたしのとなりにいる小さいおじさん（以下、おじさん）です。


その日。わたしはつき合いのある作家たちと、仕事を兼ねて有名なパワスポに行きました。そこで写真を撮ったり、景色を堪能《たんのう》したり、作家に話をしてもらったりして過ごし、地元のおいしいものを食べ、帰路につきました。

翌日。一緒に行った四人のうち二人からメールが届きました。

いわく、メチャクチャ調子が悪いのだと。強いエネルギー場に行くとそういうことがあると知っていたので気にしなかったのですが、調子の悪さが延々と続き、しかもひどくなり、さすがにおかしいと一人が知人の霊能者に視《み》てもらったところ、とんでもない連中がべったり張りついてるよと警告されたそうです。

無事に祓《はら》ってもらって事なきを得ましたが、その出来事をじっと見ていたおじさんがわたしにこう言いました。

「パワースポットと呼ばれて大勢の人間が集まるような場所は、そいつらのゆがんだエネルギーが集まる。だから低級な霊体も集まる。覚えとけ」

「え……」

おじさんいわく、なにかに依存したい、すがりたい、大勢に称賛されたい、金儲けしたい、モテたい、成功したい――、そんな他人任せ、運任せの欲望に渦巻く場所は、人間が持っているエネルギーを一瞬でぐにゃぐにゃっとゆがませるそうです。

そこから話が飛びに飛び、話題は神社の御利益《ごりやく》に突入しました。神社もパワスポの一部と言われますが、あれはどうなのかとおじさんに尋ねたのです。


「うまくいきますようにって神社でお参りするじゃない？　大勢の人がさ」

「神社はおまえらの願いを聞く場所でも叶える場所でもない」

「え？　……どういうこと？」

「神々はおまえらの願いを叶えるために存在してるわけじゃないんだよ」

「嘘だろ？　じゃあ神様って、なんのためにいるんだ？」

「おまえらがいる世界をチェックする役目があるんだ。神社はそのための場所だぞ。本当はああいう場じゃなくてもいいが、始祖《しそ》の神々を祀《まつ》った歴史がある。それがいまも続いてるってことだよ」

「世界を、チェックする役目……」

「おまえは色んな神社で、色んなお願いをしてるだろ？」

「あ……、まあ（例：ベストセラーが出ますように、収入が増えますように）」

「もうやめろ。ただ感謝するだけでいい。住所も名前もいらん」

人気の場所には悪質な霊体も集まる

その会話から16年が経った、2024年。

わたしはおじさんの言いつけを守っています。

たまに神社の写真を撮ることがありますが（ホントにたまにです）、そのたびにおじさんにやめろと叱られます。SNSにアップすると、アクセス数が増えたり、その神社の宣伝になるかもしれませんが、神々にとっては大変失礼な行為なのだそうです。

参詣《さんけい》する神社も決めています。あちこちの神社にフラフラ行ったりしません。

そう言えば、おじさんとこんなやりとりもしました。

「パワスポとか神社に行って、夢が実現したとか金持ちになったとか成功したとか、そう主張する人のSNSとか本があるじゃない？　あれはなんなんだ？」

「パワスポや神社のおかげじゃない。そいつのエネルギーがそうさせたんだよ」

「エネルギー、か」

「なあ。これまでおまえにはエネルギーの話を何度もしたぞ？」

「……そうでした」

「パワスポと呼ばれる場所に頻繁《ひんぱん》に行って人生が狂うやつも多い」

「え、……そうなの？」

「欲望が丸出しになったやつには悪質な霊体がすぐ目をつける。早いぞ」

「それはヤバい」

「普段からそういう感情を持ってるやつは霊体が好きなタイプのエネルギーを全身から放射してる。レベルの低いエネルギーだな」

「なんか人気スポットとか人気エリアにも行けなくなってきたぞ」

「よく覚えとけ。人間は普通に生きてるだけでうまくいってるんだよ。とくになにもなくていいんだぞ。妙な欲をかくからおかしくなる」


冒頭からパワースポットや神社が好きな読者の方々をみすみす失うようなことを書きましたが、これが、わたしのそばにいる【ちっちゃいおじさん】です。

以後、よろしくお願いします（笑）

人間の成長を助けるために存在する

わたしはおじさんと出会ってから、様々な知恵と知識を与えられました。ただし。最初に断っておきます。

巨額の資産や目立つような社会的地位などはありません。子どものいない夫婦二人暮らしで、質素を絵に描いたような庶民です。ひっそりと息してます。

まあなんにもない人間なんですが、不思議なほど幸せなんですよね。

なんと言ったらいいいか——、年々楽しくなってる感じ？

若い頃から人並み以上に失敗やしくじりを経験したわたしは、そのたびにおじさんから指導を受けました。おじさんはいわば【コーチ】です。

両親、友人、同僚、先輩、指導者や師匠など自分の周囲から、または小説や漫画やアニメなどコンテンツから教わることを、わたしはおじさんから学びました。

救われたと感じることもあったし、なんでそんなことを言うのか、その場では理解できなかったものの、あとになって腑《ふ》に落ちたこともあります。

それがなかったら――、ひょっとしたらどこかで人生を降りていたかもしれません。
だからこそ。わたしはおじさんに感謝しています。

オーバーな表現ですが、人生で大事なことのほぼ9割をおじさんに教わりました。

たぶん9割……いや、8割？（笑）いやいや、やっぱり9割です。

そのエッセンスを知ってもらいたい、知ってもらうことで世の多くの人がおじさんとの出会いに一歩近づけるんじゃないか――。

そういう思いでキーボードを叩いています。

目の前にいるおじさんがうなずいているので、たぶん正解でしょう。


おじさんは、かつてわたしにこんなことを言いました。

「おまえら人間の成長を助けるために俺たちがいる。忘れるな」

おじさんが存在するのは、そういうことだそうです。

敵じゃないぞと。

オーブの一部は見えちゃっているおじさん

皆さんは【オーブ】をご存じですか？

たまにメディアで話題になる空中をふわーっと飛ぶ、あの不思議な光の球。

オーブってどこか特定の場所でしか見えないように思われますが、地球上のどこにでも出現します。しかも昼夜を問わず（昼間は明るくて見えないだけ）。

そんなオーブの一部がおじさんだと言ったら、どう思います？

実はオーブの一部って、わたしのすぐそばにいるおじさんと同じ種類のエネルギー体だそうです（※あくまでもオーブの一部）。


空中を舞う不思議な光の球の一部がおじさんだと知ったときは驚きました。

オーブは動画に映ります。多くの人に見える存在です。

ということは、オーブの一部は「見えちゃってるおじさん」ってことです。

だから、いまはおじさんが見えなくても、オーブに注目することでおじさんと遭遇する確率が上がると、おじさんは語ります（おじさんおじさんややこしい）。

地縛《じばく》霊や浮遊霊（＝未浄化霊）もオーブと呼ばれる存在の一部ですが、地縛霊とか浮遊霊に、おじさんは「フラフラすんじゃねえ」と説教します（笑）

おじさんの「本体」には形がありません。

人間で言えば形は肉体ですが、おじさんにはそれが存在しません。

おじさんの本体はエネルギーの塊《かたまり》です。人間の前に現れるときに相手の脳に同調（シンクロ）し、視覚上のイメージとして登場します。


これを拡大解釈すると、わたしとは別の見える人には、おじさんじゃなくて、なにか別の形（姿）に見えているということ。なにか別の存在です。

小さい「おばさん」に見える人もいれば、小さい「動物」に見える人もいる。

グニャグニャした「未知の生命体」に見える人もいれば「丸くてかわいいもの」とか、あるいは「キラキラした存在」に見える人もいる。

つまり見える人それぞれの意識で形が異なって見えるのです。

わたしは本書でおじさんと表現していますが、なにか不思議な存在が見えていたら形はどうあれ、わたしが見ている存在と同じかもしれません。

ひとまず文脈を整えるという理由で、本書ではこの先もおじさんと統一表記します。

幽霊？　妖精？　守護霊？　ＵＭＡ（未確認生物）？　地球外生命体？

なんですかね？　……なんなんだ、こいつ（笑）

おじさんの正体はいまも不明です。わかりません。

何度尋ねても答えません。

「人間には理解できないんだから、そんな質問しなくていい」

おまえがやるべきことをやれ――いつもそう返されます。

おじさんの本体はエネルギーの塊と書きましたが、わたしたち人間の本体もエネルギーの塊です。肉体はこの世界で活動するための、いわばヨロイです。

「おまえらは数え切れないほど輪廻転生《りんねてんせい》をしている。だがそれすらも理解できない。あの世なんてない、すべて嘘だと口にする。まだそのレベルだ」

これもおじさんの口ぐせ。

口は悪いです。たまにキレそうになりますから。
でも、いいやつです（笑）

雨降りの中、出会ってしまった

わたしがこの不思議な存在を「おじさん」と呼ぶようになったのは、1980代後半の大学時代でした。いまは都市伝説の表現で小さいおじさんなどと呼んでいますが、すでにその時代に、わたしは勝手にそう呼んでいました。
ドヤ顔？　しませんよ（笑）　そんなことでマウント取ってもしかたない。

それよりも、どうやっておじさんと出会ったのか？
まずはそこからですね。
その前に、わたし自身のことを書いておきたいので、少しだけおつき合いを。

【プロフィル】
① あちこち子どもだらけのマンモス団地で育つ（3DK・賃貸）

②家族は5人（両親、父方の祖母、わたし、弟）、自室なく弟と相部屋
③父とは断絶（小5から大学入学まで）、母とはコミュニケーションあり
④友人はわりといた、敵もわりといた（性格が短気だった影響か）
⑤テレビ、ラジオ、映画、音楽、プロレス、漫画、ゲームが好きな平均男子
⑥成績とか運動とか見た目で特筆すべき点はなし（すべてが平均値）
⑦大学入学から就職先・転職先については、巻末の【著者略歴】を参照
⑧現在はフリーランスの編集ライター、妻と二人暮らし（子どもなし）

以上です（笑）あっという間に終わった……。


おじさんと出会ったのは、中学2年生の秋（11月下旬）でした。

そこから45年ほど一緒にいます。もう半世紀近い。

パラパラ降り出した雨。自転車をこぐ帰り道、団地内にある青空駐車場をUターンしてから駐輪場に停めるという思春期特有（？）の妙な習慣があったわたしは、Uターンしているとき、小さくて茶色いものが視界に飛び込みました。

ブレーキをかけて自転車を降り、ゆっくりと近づきました。

綿毛……いや、小鳥……？　ネズミ？

それくらいの大きさで薄肌色の丸い物体。不思議なことに体が濡れておらず、しかも「顔」みたいな部分がこちらを見ている気がしたのです。


嫌な予感がしたので自転車にまたがり、急いでこぎました。

慌てていたせいか駐輪場手前のスロープで派手に滑ってこけ、手のひらとひじをすりむきましたが、傷の痛みよりも得体の知れないものを見てしまった恐怖感が先に立ちました。なにかが体にまとわりついている気がしたのです。

翌日、登校時にその場所を通りましたが、とくになにもありません。

そこから毎日のようにその場所をチェックしましたが、影も形もなし。

友人らに話したくてしょうがなかったのですが、いかんせん見たものをうまく説明できません。だから正体がはっきりしてから話そうと決めました。

幻覚じゃないとなぜか信じた

で、しばらくは出現しなかったんですが――。

①翌月下旬、おじさんに再会。食事後に部屋に戻った直後の机の下
②驚いて飛び退《の》き、洗い物で忙しい母を引っ張って部屋に戻ったが消滅

あの光景、いまも脳裏に焼きついてます。

眉間《みけん》に皺《しわ》を寄せて台所に戻る母。母の後ろでわたしを見つめる弟。なにやってんだと不思議そうな祖母。まったく無関心でタバコを吸いながらテレビを観る父。

③その夜、寝つけずに天井を見ていると、いきなり視界におじさんがイン
④悲鳴を上げて二段ベッドの上から落ち、父に怒鳴られ、母に注意される

翌日。

友人らとゲーセンに行ったときにおじさんが登場し、わたしはのけぞりましたが、人がたくさんいたエリアだった

こともあって、勇気を持って観察しました。

⑤全身が薄肌色、顔はメガネなしの仲本工事っぽい（当時ドリフが大人気）
⑥目と鼻と口と耳あり、尻が割れている、うっすらと赤いほっぺた
⑦手足には小さい指が5本、頭髪も眉毛も脇毛もなし
⑧乳首もへそも生殖器もなし、キューピー人形のような幼児体形
⑨小学生のときに流行《はや》ったミクロマンと似た背丈
⑩チョコチョコ歩いてかわいいけど油断ならない雰囲気（無表情だし）

「……なあ。これ、なんかいな？」

わたしは指差しながら、前に座ってゲームをする友だちに尋ねました。

おじさん、わたしに向かって仁王立ち。

「え？」とプレーしながら友だちは不思議がってます。そこにはなにもありません。何度も指差しましたが、普通に見ればなにもない空間です。

別のテーブルでプレーしていた二人から、瀬知がおかしい、大丈夫や？　と笑われました。わたしも笑いました。もう笑うしかなかった。

⑪それ以降、おじさんはたまに登場するようになった（月に1、2回くらい）
⑫歩くだけでなく、漂《ただよ》ったり、寝転んだり、座ったり、踊ったりと、人間的
⑬煙のように消えていき、いつの間にか登場する

もし病院に行けば、「脳が幻覚を見せてる」とか「ストレスで疲れてる」とか「現実逃避願望がある」なんていう診断を下されたはず。

おたくの息子さん、脳か心が、ちょっとおかしいですよ、と。

いまなら中2病とか、脳内フレンドとか、統合失調症と言われるでしょう。小さな人型生物が視界に入って動き回る……。漫画とかアニメの限定事項ですよ。


しかし。これは幻覚じゃない、この存在はたしかにいる——。

なぜかそう信じる自分がいました。あまりに不思議すぎて説明がつかないのですが、その超常極まりない存在を、わたしは肯定したのです。

どう考えても幻覚や妄想ではなく、超リアルだったから。

そいつの周波数と合うか合わないか

当時の模様をおじさんに尋ねました。

「いきなり部屋に出ただろ？　あれはマジで怖かった」

「そうだろうな。最初は驚いたり恐怖に怯《おび》えたりするやつがほとんどだ。中には失神するやつもいる。だから何度か現れて、そいつを試すんだよ」

「試す？」

「俺たちが見えている自分を信じられるかどうか。それを試す」

一瞬、ゾクッとしました。

「おまえと目が合ったときに周波数を確認したぞ」

おじさんいわく、目を合わさないと相手の周波数が確認できない、周波数を確認することで、その人物を引き続きチェックするかどうか決めるのだと。

「おまえの周波数は俺が見える自分を信じていた」

「信じてるかどうかって、わかるんだ？」

「すぐにわかる。人間の周波数は単純だからチェックすればすぐだぞ。俺たちが見える自分を信じてないやつに用はない」


おじさんによると、普段から常識を超えるものを心から信じていて、その上でおじさんとの周波数がカチッと合えば見えるそうです。

逆に見えない世界やオカルトや都市伝説などに詳しいのに、その情報を実は信じていない人もたくさんいて、そういう人との周波数は合わないそうです。

周波数。

これ、キーワードです。


ここで言う周波数は、動物から植物まで（地球自体も）が独自に持つ生存のためのエネルギーの軸。ざっくり言えば、エネルギーの個性だと考えてください。

おじさんたちは、自身の周波数をこの世界の人間のエネルギーレベルに合わせて低めに設定しています。そうでないとだれにも見えないからだと。

「周波数が合うとか合わないって、人間にはどうしようもないよね？」

そう言うと、おじさんが首を振りました。

「まずは信じて欲しい。そして興味を持ってくれ」

「興味か」

「そしたら俺たちと周波数が合う可能性が高まる。周波数はそいつ自身が発しているエネルギーだよ。あとはそれが合うタイミングを待ってくれ」

・心から信じることができればおじさんと出会う準備は完了
・あとは【出会うタイミング】を待つだけ
・タイミングはお互いの周波数がマッチする瞬間のこと

マッチングアプリのキャッチコピー書いてる気になってきた（笑）

おじさんの出現にはルールがある

で、それ以降の話。

①高校に入ると、おじさんの出現が毎日になった（心は徐々にパニック）
②どんどん気分が落ちてきて、2年生のときには登校拒否状態に
③友人らとはよく遊んだが、おじさんの存在がメチャクチャ鬱《うつ》だった
④死んだほうがいいと自殺を考え始めた矢先、出現しなくなった

淡々と書いてますが、この時期は人生で最も深い闇でした。


「俺の誕生日から急に出なくなったろ？　なんか意味があったの？」

「このままだとおまえが死ぬと思ったからだ。それは避けたい」

「なんで？」

「人間の成長のために俺たちがいるのになんで死なせなきゃいけない？　それなら俺たちは必要ない。おまえらの成長のためにいるんだぞ」

もっともらしいことを言ってるわりに、長いこと出現したんだが（笑）

「もし、あのとき俺が死んでたら、おじさんどうしてた？」

「消える。そして二度とこの世界には出現しない」

「えっ……。そういう仕組み？」

「そうだ」

「つまり――、罰《ばっ》っていうか、ペナルティとして消えるってこと？」

おじさんは答えませんでした。


ターゲットとする人物が目撃することで恐怖に包まれてしまい、心が壊れ、最悪の場合は廃人になるケースもあるそうです。

それをやってしまうとおじさん自身が消え、二度と現れないのだと。

現れない。いや……、現れることができない？

詳細は語ってくれないので罰かどうかわかりませんが、あの世とこの世の仕組みとして、なんらかのルールがあるのでしょう。

容姿や口調は人間向けにアレンジ

おじさんが次に出現したのは、浪人中にバイトをしていた喫茶店でした。

「さっきの話の流れでいけば、もう現れないんじゃないか？」

「他の連中を担当しながら、おまえのことが気になってたんだよ。もう一度、姿を見せて、それでダメなら二度と現れないつもりだった」

「でも、俺が気にしなかった。だからずっといることにした、……ってこと？」

「そうだ」


自分で決めた志望校にしか行かないと考えていたわたしは、少しでも資金を稼ごうと予備校そっちのけでバイトしました。夏は引っ越しの臨時労働もしました。

そのバイト先に突然、おじさんが現れたのです。

しかし、わたしも変化していました。耐性がついたのか、攻撃性がないと理解したのか。いずれにせよ、おじさんが気にならなくなってました。

サイフォンやカップの上におじさんが座ると、「これカウンター席の人に見えたら面白いっちゃけど、やっぱ見えんっちゃろうね」と一人でニヤニヤしました。

面白かったのは、カランコロンとドアベルが鳴ると消えること。

少し経《た》つと再びどこからともなく登場しますが、ドアベルが鳴るたびに消えるおじさんに、私立文系コースでありながら生物学的な興味を持ちました。

大きなくしゃみをしたときも消えます。音に関係するなにかがあるのかもしれないと、わたしは受験勉強そっちのけでおじさんを観察しました。


おじさんが初めてわたしの体にくっついたのは、合格発表の翌日の夜でした。


「俺のスニーカーに座ったろ？　よく覚えてるよ」

「もう大丈夫だと思ったからだ」

その夜。わたしは1年先にその大学に入学していた友人と自販機で温かいコーヒーを買い、大学講堂前の正門にある階段に座ってお祝いをしました。

おじさんがわたしのスニーカーに座ったのは、そのときです。


「あのとき、こいつと話せたらなあって思ったよ」

「おまえ俺をつかもうとしただろ？」

「そうだった……。でも、つかめないんだよな。手が体を素通りするし。これホントに不思議なんだよね」

言いながらおじさんの体を触ろうとしても、やっぱり触れません。

「おまえがわかりやすいように見せているだけだぞ。何度も同じこと言わせるな」


この人間向けの容姿以外に、おじさんにはある特徴があります。

そう。口調です。

わたしのそばにいるおじさんは、お世辞《せじ》にも美しい言葉遣いじゃありません。

よくムカつく言葉を投げられ、これまで数え切れないほどキレました。


おじさんみたいな存在が、実はこの世界に大勢いると聞かされたわたしは、

「どのおじさんも、そういうしゃべり方なんだ？」

あるとき、そう尋ねました。

すると、

「まったく違う。そいつの性格と同調するんだよ」

その瞬間、頭にガーンとなんか重いものがぶつかった気がしましたね。

わたしの口調は父の遺伝――、つまり父の性格が反映されてます。

同調ってことは別の人としゃべるときは上品だったりお洒落《しゃれ》な口調だったりするんだろ

う――。想像を繰り返すたびに悲しい気持ちになりました。
おじさんは「こいつ」とか「あいつ」と口にします。全部わたしのせいです。
一度でいいから上品な物言いのおじさんを見てみたいっすね（笑）

おじさんと出会うチャンスは何度もある

ここでおじさんが人間をターゲットにするプロセスを紹介しておきます。

①ターゲットを決める（最初は大量に選ぶ）
②最大のアプローチはターゲットが一人になった状況
③97％くらいのターゲットはおじさんが見えない
④見えたターゲットに対して、時間をかけて徐々に見える頻度を上げる
⑤姿を見せる場面を増やし、ターゲットの心理を分析する
⑥分析後、続けてアプローチするか、終了するかを決める
⑦アプローチを続ける場合、話しかける（最初はほぼ全員が聞こえない）
⑧終了する場合、次のターゲットへと向かう

「最初に選ぶターゲットって2ケタ？」

「そうだ。3ケタのときもある」

なんせ、おじさん自体が大勢います。だからどこかで出会う可能性があるのです。そしてこのプロセスは、すべてのおじさんで共通するパターンだそうです。

「おまえら人間で言うところのルールだな」

おじさんは自分が見えない相手をどこかで見切りますが、そもそもおじさん自体が大勢いるので、時間を置いて別のおじさんがその人にアプローチします。

つまり出会うチャンスは何度もあるってことです。

人間に生まれつき備わったチカラ

「なあ、どうして人間はおじさんみたいな存在を見ることができるのかね？」

「すべての人間に生まれつき備わってる力がいくつかある。そのうちの一つだ。ほとんどが使われないまま、おまえらは死ぬ。もったいないことだよ」

「勘とか霊感とか、ああいうのもそう？」

「そういう力はずっと上の世界のエネルギーが集合する場所とのやりとりで発生する信号みたいなものだ。勘はどんなやつにも経験があるはずだぞ」

「じゃあ見るだけでなく、おじさんみたいな存在と会話する能力も、俺ら人間に備わってる能力ってこと？」

「そうだ」

「霊能者だけじゃなくて？」

「おまえらが霊能者と呼ぶ連中が持つのは別の能力だぞ」

「へえ、そうなんだ。そう言えば知り合いの霊能者たちはおじさんが見えてないみたいなんだけど、あれはどういうこと？」

「見せてないからだ。あいつらには見えないようにする」

「見えないようにする？　え……、どういうこと？」


そこで聞いたおじさんの話は壮大なため、かなりざっくり書きます。

とても昔。おじさんたちはいまとは真逆で、呪術師とかまじない師とか霊能力者と呼ばれる特殊な人間の前にだけ現れていた。そのほうが理解も早いだろうと。

しかし能力者たちはおじさんたちを地獄界（魔道、魔界）の使者だと恐れ、ある者は死を選び、ある者は攻撃的になり、ある者は全力で祓おうとした。

その結果、なにが起きたか？

ときの権力者たちへの能力者としてのアドバイスが大いに乱れてしまい、大戦争を引き起こしたこともあった――。


「じゃあ、昔の反省ってこと？」

「反省もあるが能力者は数が少ない。能力にもかなり差がある。ならば数が多い一般大衆に俺たちを認知させたほうがいいんじゃないかと考えた結果だ」

「じゃあ霊能者には見えないんだ？」

「だが、おまえの知り合い（能力者）に俺が見えてるやつがいるな」

「え？」

その場では教えてくれませんでしたが、後日、本人から告白されました。

普段、能力者には見せないようにしているものの、なにかの拍子《ひょうし》にスイッチオンされることがあるようです。……なんか雑じゃね？（笑）

わたしたちの周囲には、小さいおじさんだか、おばさんだかがいます。

でも条件（周波数&タイミング）が合わず、見えないだけ。

加えて、わたしたち人間の一日は忙しい。

やることが多いし、バタバタするし、疲れます。だからおじさんたちが出現しても気づかないことが多い。24時間、彼らを探索するわけにはいきません。

それに必死になって探そう、見ようとしても、おじさんたちと周波数がマッチしなければ見えません。これぱかりはしかたない。


「なんかもどかしいよね」

「いつか見えるくらいの気の持ちようが一番いいぞ」

となりにいるおじさんがそう話します。

これがたぶん正解。

ターゲットじゃなくたまたま出会うことも

「俺がおじさんに出会ったのは小雨がパラついてた日だったけど、気象条件ってなんか関係あるのかな？」

「まったくない。天気も昼夜も関係ないぞ」

ではなぜおじさんは、あそこ（駐車場）にいたのか？　そのシチュエーションはちょっと気になりました。以下、おじさんからの話です。

あの日、それまで何度かおじさんが姿を見せていたある中年男性に対し、おじさんは最後のアピールをしようとしていたそうです。

その男性には自分が見えた、でも見えないふりをしていたと。自分に興味があるかどうかを判別するために最後のチャレンジに出たわけです。

そこで男性が契約する駐車場で待っていましたが、いつまで経っても車が帰って来ない。駐車場には多くの人が出入りする、しかしだれもおじさんが見えない。

すると偶然、わたしが通りかかり、おじさんを目撃した――。

「……ってことは、あれか。別に俺を待っていたわけじゃなかった？」

「そうだ」

「あははは」

「おかしいか？」

「……まあ笑える」

「そうか」

「つまり俺は、おじさんのターゲットじゃなかった、ってことだな？」

「そうだ」

「あー、なるほど。おー、そっかそっか」

「でもおまえは俺が見えた。周波数も確認した。タイミングが合ったんだぞ」


ビジネスでたとえるなら、生活習慣病の薬を開発していたら、たまたま薄毛の治療薬ができてしまったパターンか（笑）

事実を知ったときはショックでしたが、こういうのが意外とあるそうです。

ターゲットじゃない人間がたまたまっていう。たまたま目が合うっていう。

たまたまかよ……（溜息）

ちなみにターゲットだったその中年男性は常識を超える現象にこれっぽっちも興味がないことがわかったので、そこでアプローチをやめたそうです。

わたしもその男性と同じなら、いまに至るおじさんとの交流はありません。

人生、わかんないもんです。

なお、そのときわたしに別のおじさん（わたしにくっついているおじさんの仲間）からのアプローチがなかったので、おじさんは出現を開始したそうです。

わたしに別のおじさんがアプローチしていたら（わたしに見えたかどうかはわかりませんが）、おじさんはアプローチできないとのこと。

担当制らしいです（笑）

落選と同時に会話がスタート

大学4年間のエピソードを延々と書いてもつまらないので圧縮すると、この時代、おじさんとの関係性が一つ上のステージに上がりました。

そうです。

会話ができるようになったのです。

わたしはここまで、なにげなくおじさんとの会話を掲載していますが、おじさんと会話ができるようになったのはこの時代でした。

そして会話ができるようになったきっかけは、ある悲しい出来事でした。

「俺はあの日のことを一生忘れない」

「おまえショックでずっと寝ていたな」


大学2年生だったわたしは所属するサークルの次期幹事長選挙に立候補しました。自信満々です。自分しかいないとすら思いました。上とも下とも関係が良好で、あらゆる情報に長《た》けていたわたしは人生で初めて自分から手を挙げました。

しかし、会議の結果は反対意見多数で否決。幹事長には別に手を挙げた同期がほぼ満場一致で決まり、わたしは副幹事長に勝手に推薦されました。

人生で初めて立候補した選挙は、あっけない落選で終わったのです。

その会議の場で「瀬知君は怖い」とか「キレやすいから幹事長は向いてない」とか「優しくない」とか「生活費を稼ぐので大変」などと好き放題に言われました。

翌日は普通に学校に行き、サークルにも顔を出し、バイトにも行ったんですが、数日後、朝起きられなくなり、学校もバイトも休みました。

体は正直でした。動こうという気がまったく起きないのです。

でも眠たくもない。代わりに色んな場面が頭の中を巡《めぐ》りました。

たしかに怖いかもしれん。優しくないかもな。いつも自分勝手だし。

声も態度もデカいし。俺は集団をまとめて引っ張る役に向いてないのか？

しかたないか——。

置き時計を見ると12時すぎ。布団にくるまり、ただ悶々《もんもん》としました。

おじさんがカセットテープの山の上を歩いています。いつもの光景です。

そこに座る様子を、わたしはぼんやりと眺めていました。いつものように。


「起きないのか？」

体がビクッと反応しました。おじさん、じっとわたしを見ています。

「起きないのか？」

もう一度、同じ声。男性の低い声。抑揚《よくよう》のない声。

これがおじさんの第一声でした。


当時の模様を、おじさんと回想しました。

「あれは飛び起きたよ。そしたら『聞こえたか』っておじさん言ったんだよな？」

「そうだったな」

「ビビったよ」

「おまえのエネルギーが一段上がった。だから会話ができたんだ」

「え？　でも……、あのときの俺は、もうかなり気力が落ちてたんだけど？」

「おまえ、あいつらになんて言われた？　ショックだったろ？」

「……」

「自分が一番言われたくないことを言われておまえはそれを自覚した。夜、泣いただろ？　でも素直に現実を受け入れた。だからエネルギーのレベルが上がったんだ。もし自覚せずに避けていたら、おまえのエネルギーはどんどん下がったぞ」


この言葉は、いまも胸の奥深くに刺さっています。

自分のダメさ加減を自覚するとエネルギーは上がり、自覚しないとエネルギーは下がる。

この仕組み、すべての人に当てはまるそうです。

得体の知れない存在からの説教

「おまえ、怖いって言われただろ？」

「――はい」


声をかけられた驚きで起き上がったわたしは、その勢いで出かけて買ってきた弁当を食べながらおじさんと向き合いました。

同期から散々言われて正直メチャクチャ腹が立ったけど、それ以上に情けなかったのは、自分がそんな目で見られていたという事実でした。

怖い。キレやすい。優しくない。最悪です。

みんなとうまくやっている、信頼されていると思い込んでいたのは自分だけ。

幹事長落選より、そっちのほうがショックでした。


「俺、そんなに怖いかな？　どっちかと言えば童顔《どうがん》だと思うんだけど」

「ぶっきらぼうで声が大きいからな。顔の作りは関係ないぞ。もっと柔らかい言葉を使って丁寧に話せ。丁寧に説明しろ。おまえの説明は雑なんだよ」

「柔らかい言葉で、丁寧に……」

おじさんが腕を組みました。のちに判明しましたが、おじさんが腕組みするときは議論が長くなるとき。だからこのポーズ、いまも苦手です（笑）

「女性におまえって言うだろ？　あれはダメだ。つき合ってもいない女性はおまえ呼ばわりされると嫌な思いをする。不愉快になる。失礼だぞ」

「どうすればいい？」

「ちゃんと名字で呼べ。それに俺って言い方も変えるといい」

「変える？　俺って……、良くない言葉だっけ？」

「わたくしはとか、自分はとか、もっと丁寧な言い方がある」

頭がクラクラしました。

「なあ、急にさ、わたくしは、とか、自分はって言うほうが怖くない？」

「じゃあ、笑え」

「え？」

「笑え。おまえ笑いが足りない人生なんだよ。いつもむっつりしてるだろ。笑うことも笑わせることも少ない。たくさん笑え。そこからだな」

絶句。

え。笑いが足りない人生……？　足りない？？

それまでの人生で思ったことすらない言葉を投げられ、わたしは固まりました。

でも、そう言われ、もしかしたらそうかもしれないと感じたのです。

だって、そんな得体《えたい》の知れない存在にいきなり説教食らってるわけですよ。

そりゃ少しは信じる気持ちになりますって（笑）

さらにおじさんから、

「他人で笑わせるな。自分で笑わせろ。笑いは自分で取れ」

とも言われました。

他人をバカにして笑いものにすると自分のエネルギーの流れがどんどん悪くなり、自分が出した負のエネルギーに復讐されるそうです。

ひとり言が増えてかわいそうなヤツ扱いされる

その後、わたしはどう変化したか？　どうなったか？

ちょっと興味ありませんか？

え？　……ない？（笑）

まあ、そう言わず。ほんのちょっと書かせてください。

おじさんと話せるようになってから「なんか変わったね」と言われる機会が増えました。言葉遣いはまだ荒かったけれど、笑うことが増えました。

以前はだれかを茶化して取る笑いでしたが、それをやめました。貧乏な自分には、笑える要素が満載だと気づいたのです。合コンでウケまくりでしたね。

女子へのおまえ呼ばわりもやめ、説明するときは丁寧に話すようにしました。

おじさんも協力してくれました。わたしがキレそうになると、おじさんは相手のすぐ横に立ち、両手でバッテンを作ります。炎のストッパー（笑）

バイト先でも「瀬知くんはちゃんと話を聞いてくれる。言い方も丁寧だし。それに比べて〇〇ってさ〜」と、以前のわたしを知らない同僚からの評判が上々（笑）

当時、大学やバイト先で多くの人と交流して気づいたことがあります。

とかく人間は【話したがる生き物】だということです。相手の話を黙って聞くよりも、自分の話を優先したがる生き物なんですよ、人間って。

聞くよりも話したい——。それが人間の本能なのだと。

だから相手が話したがってるときは徹底的に聞きました。話し終えて満足したら、帰るか、わたしの話を聞きたがるか。どちらかしかありません。

「ひとり言が多いって言われるようになったのも、あの頃からだったよ」

「そうだな」

「デート中にドン引きされたこともあった。ねえ、だれとしゃべってるのって」

「俺とだろ」

「マクロ経済学の講義中、教授を指差して『あいつは経済がわかってない』って言ったろ？あれは笑った。大教室だったからなんとかなったけど」

「本当にわかってなかったぞ。人前でしゃべる資格はない」

「山手線の車内でおじさんと口ゲンカしたときは『大丈夫よ、大丈夫だからね』って近くにいたおばさんにかわいそうなやつ扱いされたよ」

「気にするな。あいつも見えるようになったらわかる」

おじさんが見えるだけでなく、話せるようになった。

大学時代で最も大きなエピソードはそこでした。

いまに続くわたしの奇妙な日常は、そこから始まったような気がします。

おじさんは人類の敵じゃない

おじさんとの会話ができるようになったわたしが、まず知りたかったこと。

それは——、あんたは一体なんなんだ？　ってこと。

わたしには尋ねる権利があります。人生が狂いかねない経験をしてますから。

以下、おじさんが話してくれたことを箇条書きにします。

① 相当な昔、人間だったことがある。いまはこういう役割を担当している

②おじさんは膨大な数がいる。一人のおじさんが複数の人間を担当する
③人間はおじさんをつかめないが、おじさんは人間に触ったり乗ったりできる
④おじさんが触ったり乗ったりするのは相手を警戒していない証拠。なんらかの理由で気に入らないときは近寄らず、すぐに消えてしまう
⑤たまに口を開けて笑う（無声）。それ以外は無表情で感情なし
⑥よく人間に話しかけるが、大半の人間には見えないし、声も聞こえない
⑦男性と女性なら女性が好き。女性の発するエネルギーが心地よい
⑧子どもは見えやすいが大半がすぐ見えなくなる。動物はずっと見える
⑨担当した人間といったん交流できれば、その人間が死ぬまで担当する
⑩おじさん自身が物を動かすとか音を鳴らすとかはない
⑪性別なし。見える人がこびと、小さいおじさん、小さいおばさん、ふわふわする光、などと勝手に呼ぶ。彼らの身長や体型は同じ
⑫時間という概念が一切なく、時間そのものを否定する
⑬消えたり現れたりするのは、その場の要素がおじさんに作用した結果
⑭見た目や話し方は担当する人間に同調した結果。つまり人によって違う
⑮地縛霊や動物霊など低級霊（低レベルな霊体）によく説教する

⑯この世界の支配者である自然霊（始祖・開闢《かいびゃく》の神々）と仲良し
⑰低級霊ではないし、神仏でもないし、守護霊でもないし、悪魔でもない
⑱食べたり飲んだりしない。歯も舌もない。指はあるが爪はない
⑲おなら、おしっこ、うんこはしない。汗をかかない。涙も唾《つば》も出ない
⑳睡眠しない。咳《せき》は出ない。痰《たん》もからまない。病気になることもない

他にも色々ありますが、ざっと挙げるとこんな感じです。

自分の立場、ポジションについて、おじさんは詳しく語りません。代わりに「人間の成長のためにいる」という台詞をしょっちゅう食らいます。

人類の敵じゃないことは、わたしが保証します。

不思議なものを目撃する人が急増中

「ついでにあれも書いておけ」

「ん、あれとは？」

「……」

「……」

「夕べ話しただろ？　見えてるやつの話だ」

「おお、あれか！」


おじさんから聞いた話ですが、いま、小さいおじさんとか小さいおばさんとかキラキラ光る物体さんとか、いわゆる【正体不明の存在】を目撃する人が世界的に増えているそうです。わたしの周囲にも、やたらとＵＦＯを見る社長がいます。

実に興味深い傾向です。


ただし。

そこには二つの【心の壁】があります。

目撃者の大半が、見間違えたとか、疲れていたとか、その手の理由を自分に言い聞かせ、なにも見てないことにしてしまう。これは【第一の心の壁】です。

さらに、変なものを見てしまったと周囲に知られると自分を見る目が変わってしまうんじゃないかと怯える。これが【第二の心の壁】です。

つまり見たのに、心にしまいこんでいる人が、かなりの数でいるってこと。

口を閉じ、だれにも伝えず、そのまま生涯を終える。

これまで数え切れないほどいた、いまもそうだと、おじさんは話します。


わたしが本書を書く目的は、小さいおじさんの情報を伝えたいからです。

それと同時に、おじさんを含めた【なにか不思議な存在】を目撃したのだけれど、それを周囲に伝えることができない人への【エール】という側面もあります。

そう。エールを送りたいんです。エールという名の勇気ですね。

いまこれを読む、あなたに。

自分を信じる勇気を。だれかに話す勇気を。

それを、送りたい。

わたし自身のカミングアウトを兼ねて。

カッコつけてる？　ですよね（笑）　まあ、いい年したおっさんだし。

でもこれ、正直な気持ちです。


いかがでしょうか。

ちょっとくらい、小さいおじさんに興味を持ってもらえそうですかね？

もしそうなら続けて二章をどうぞ。

第二章

小さいおじさんの生態学

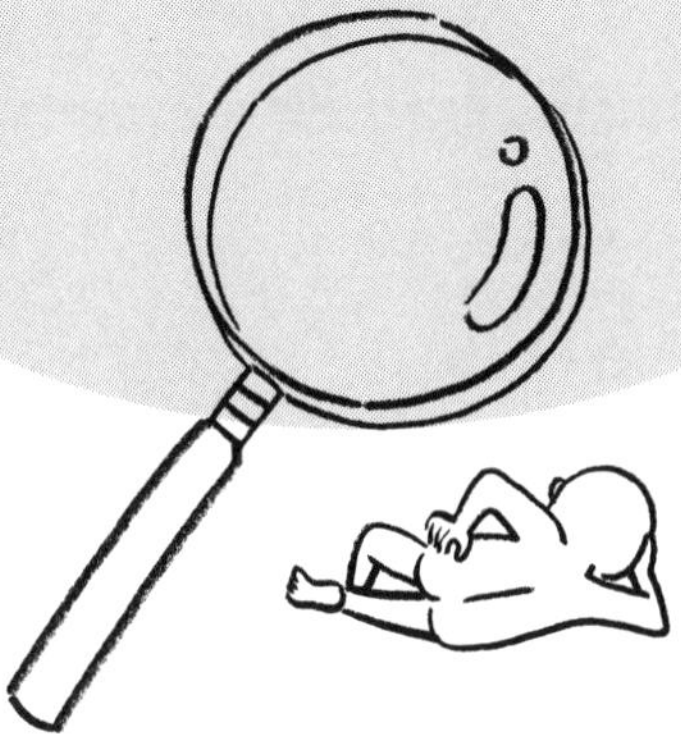

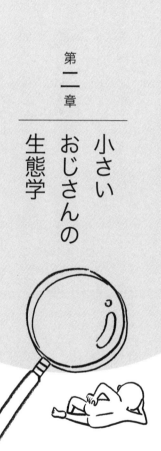

だれにでも見えるようにしない理由

わたしが考える【おじさんと出会える確率が高い場所】は次の3つです。

1位　家の中
2位　家の近所
3位　いつも移動している動線（よく歩く道、よく行く場所）

まず家まわりに注目してください。おじさんはわたしたち自身に気づいて欲しいわけですから、出会う確率が一番高いのは家の中です（と言ってます）。

キョロキョロするなら家の中。

なんか妙な感じがしたらキョロキョロ開始。

自分ちなら、どれだけ不審な行動を取っても大丈夫ですよ（笑）

なお、こんな質問をぶつけたこともありました。

「もうさ、いっそのことだれにでも見えるようにしたらいいんじゃない？　そのほうが人類の認知が早くないかな？」

「おまえらの世界がそれを受け入れられるレベルなら、とうの昔にそうしているはずなんだよ。でも、そうなっていない。おまえはなぜだと思う？」

「……」

「パニックになるだろ。おまえら人間はあの世の仕組みはおろか、いまも幽霊ですら信じちゃいない。レベルの低い連中の前に俺たちが現れてみろ。どうなる？」


パニック――。

これまで散々観てきたパニック映画が、次々と頭に浮かびました。

たしかに……。そうかもしれません。

世界中の人が驚愕《きょうがく》し、卒倒《そっとう》し、大戦争になってしまう可能性があります。

余談ですが、たまに動画に撮られてしまうのは、おじさん＝こびとの中でも新人だそうです（笑）　経験が浅いから周波数のコントロールが下手《へた》らしい。

ただし。最近はＣＧを使ったこびとの捏造《ねつぞう》動画なんかがたくさん作成されていますから、その手の動画には注目しなくていいとおじさんが言ってます。

まあ、見ちゃいますけどね（笑）

人が集まる場所に出没する

自宅以外にもおじさんは出没します。

なんと言ってもわたし自身、最初のコンタクトは自宅近くの駐車場。

そのあたりをまとめておきます。

① 自宅とその近所

最も多い場所。自宅には出やすい半面、いきなり二人きりの状況で怯えさせて失敗することも。自家用車内の失敗もあるとおじさん談。よって公園など自宅の近所で最初のプチ・アプローチを試みるケースもある。

神社、お寺、教会では、そこの祭神《さいしん》や聖霊《せいれい》に話を通してターゲットを待つ。

② 繁華街

飲食店、ゲーセン、駅（地上駅、地下駅）、映画館などで待ち構えることも。そこでまったく別の人間に見つかることもある。「大阪の繁華街を走っているときに若い女性と目が合って女性が腰を抜かした」とおじさん談。

③　電車内

意外と多いシチュエーション。つり革や棚から車内を見回す。たまに自分を見る人間がいたらじわじわと近くに寄る。ただし航空機や船舶には乗らない。その理由は、自分を目撃して驚いて緊急事態となってもすぐに救急搬送できないから。

④　会社・学校

ターゲットの会社や学校について行くことはあるが、ターゲット以外ならとくに足を運ぶことはない。その場で別の人間に見つかることもある。幼児はおじさんが見える確率が高いので幼稚園や保育園にはよく行くらしい。

⑤　ライブ会場・会議場・競技場・動物園・遊園地・書店

人が大勢集まる場所にはおじさんたちは足を運ぶ。そこにいる人々の中からターゲットを見つけることもある。わたしのそばにいるおじさんは議員会館や霞ヶ関の庁舎にもたまに行くと話す。お役所や警察署なども多くの人がワイワイ集まっているから、わりと好きらしい。

「スーパーマーケットとかショッピングセンターにも行くよね？」

「そうだな」

「若い子が集まってる場所、たとえば予備校とか塾とかプリクラ、あるいはカラオケなんかにも行く？」

「人が集まってるならな」

世界の管理者は人間ではない

そうだ。この情報も書いておきます。

山や川や森林など自然豊富な場所や人里離れた場所は、人間との接触機会が少なく、おじさんたちは積極的には行きません。そういう場所にいるのはおじさんたちとは別の存在なので、十分な注意が必要だと話していました。

「注意っていうのは？」

「大自然には始祖の神々がいる。彼らは自然霊、つまり精霊（聖霊）と呼ばれる存在だ。だからおまえらがそこに入るときは注意しないといけない」

「始祖の神々…」

「おまえらの世界の管理者だぞ」

「えっ……、そうなの？　それマジの話か？」

「人間がこの世界で一番上だと思ってるだろうがそうじゃない。彼らがいるからこの世界が維持されている。おまえらが好きなようにできるのもそういうことだ」

「ラスボスか……」

「地球の上で人間があれこれ好き放題やってるだけだ」

「お釈迦《しゃか》様の手のひらの上の孫悟空みたい」

「自然界に入るときは精霊に心から敬意を払え。でないと面倒が起きるぞ」

超インドア派のわたしは海にも山にも川にも森にもほぼ行きませんが、よく行くという方は気をつけてください。自然霊、精霊の神々には、人間のような感情がありません。つまり、敬意を払わない人間を消すことに迷いがないってことです。

さらに、そういう場所には成仏《じょうぶつ》できない未浄化霊が多数存在します。彼らに敬意を払う必要はありませんが、ついてこられると面倒です。ご注意を。


「そう言えば、おじさん病院には絶対に現れないな？　介護施設とかお墓とか葬儀場には現れるのに。あれは不思議だよ」

「そうか」

「なんで？」

「変な連中がウヨウヨいるからだ。あいつらは好きじゃない」

いやいや……、自分を差し置いて（笑）
おじさんが変な連中と呼ぶのは地縛霊や動物霊（未浄化霊）だけじゃありません。それ以外にも色々いて、とくに生《い》き霊《りょう》や異界の住人はたちが悪いそうです。
彼らは病院内で患者や医療スタッフにべったり張りつき人格を変えてしまうことがあるとのこと。現場の皆さん。くれぐれもご注意ください。

エネルギーの質は性格とは関係ない

おじさんとすぐに会話できる人は皆無です。

「俺は最初に出会ったのが14歳、会話ができたのは22歳。8年かかってるけどこれってどうなの？」

「1年で話せるやつもいれば、50年くらいかかるやつもいる。会話なく人生を終えるやつもいる。優劣はない」

「あのときは色々あって（幹事長選挙の落選）へコんでたけど、俺のエネルギー自体は上がろうとしてたんだよね？ってことはエネルギーが関係する？」

「俺たちとの会話については、人間のエネルギーがどこまでオープンになるかってことだよ。そいつのエネルギーがどこまで解放されるか、どこでスイッチが入るかだ」

「解放……」

「会話できなくても、そいつが閉鎖的というわけじゃない」

「そうなのか？」

「エネルギーの質はそいつの性格とは関係ない。おまえらが生まれる前の話だよ」

プロフィルを見てもらうとわかりますが、わたしは会社員生活で何度か転職しています。そこも、おじさんはエネルギーが関係すると語ります。


「退職、転職するときにさ、俺を止めたり止めなかったりしたろ？　あれは？」

「人間の選択は優先する。ルールだ」

「ふーん。なあ、最初の出版社で食らったおかしな人事異動にムカついて、俺が辞めようと退職願を書いたとき止めたよね？」

「上昇してたおまえのエネルギーが下がり始めたからな。あれはおまえの本意じゃなかっただろ？　おまえは会社の連中の言葉に惑わされていたんだぞ」

「でさ、8年後にその会社を辞めようとしたときは止めなかった。あれは？」

「下がる一方だったおまえのエネルギーが上がり始めたからだ。おまえ会社を辞めて独立したがってたろ？　辞めることで上がるなら、それが一番だよ」

「なるほど……」

「独立はしくじったけどな」

「それを言うな。……え、もしかして、それもわかってたとか?」

「いい勉強になったろ」

「ははは」

人間にもエネルギーの上下がわかる

昔話に苦笑《にが》いしながら、ふと思いました。

エネルギーの上下。上がり、下がり。

それはおじさんだからこそ、わかることなんじゃないのかと。

人間にはエネルギーなんて見えません。

「あのさ、それっておじさんから見たエネルギー診断でしょ? 俺たち人間がそれをわかることって、できないよね?」

「なに言ってるんだ。いつも感じてるだろ?」

「え……、感じてる?」

「おまえの正直な気持ちだよ」

「気持ち？」

「おまえら人間は自分に嘘をついていないときは気持ちが高揚する。それがどんな結果になろうと気持ちいい、清々《すがすが》しいだろ？」

「たしかに……」

「自分に嘘をついているときは気持ちが濁る。どんなにいい結果になろうと後ろめたさが離れない。モヤモヤしたものが心に残るだろ？」

「それ、メチャクチャわかる！」

「正直さは本心そのものだ。おまえらのエネルギーの本質だぞ」

「本質……」

「おまえ嘘が下手くそだからあちこちでしくじったが、嘘が下手だということは正直が得意ってことだろ？　エネルギーが成長するには正直が一番だぞ」

なんか妙な褒められ方をしたようだ。

「エネルギーが見えなくても感じることはできる。自分に聞け」

自分に聞け。名言（笑）

担当する人間の恋愛には興味なし？

仕事でしくじり落ち込む、あるいは若いときの独立でしくじって泣いたこともある臆病で弱いわたしですが、その都度、おじさんはアドバイスをくれました。

いい人（人か？）だと思いませんか？

でもわたしから見たおじさんは、わりと非情です。

サイコパスっぽいところがある。人間みたいな感情はありません。

わたしがしくじると口を開けて笑いますが（声はなし）これって普通なら笑わないはずなんですよ。ちょっとおかしいんです。

その昔、こんなことがありました。

ざっくり書くと、つき合ってた相手と別れたわけですよ。それもわたしがフラれたっていう。世の中ではよくある話です。

しばらく落ち込んでいましたが、ある晩、おじさんにこう言われました。

「おまえ、なんで落ち込んでるんだ？」

「……いや、わかるだろ？　全部見てただろ？」

おじさんは無表情のまま。じっとわたしを見ていました。

「つき合いが終わったからか？」

「他になにがあるんだ」

わたしがキレ気味に言うと、

「それがどうしたんだ？」

おじさんはそう言いました。抑揚のない声で。


大丈夫、とか、次がある、とか、もっといい相手と出会えるよ、とか。

こういうシチュエーションって普通、そういう言葉をかけるもんでしょ？

違うんです。そういうのまったくなし。

自分が担当する人間の恋愛には、まるで1ミリも興味ないかのごとく。

相手になにか変なものが憑依《ひょうい》している場合はもう会うなと言われますが、それ以外はなにもなし。どれだけ落ち込んでも「それがどうした」のみ。

「冷たいよな。おじさんって、そんな感じなんだ？」

わたしがやけくそ気味に言うと、おじさんはこう返しました。

「良かったじゃないか。おまえのエネルギーの経験値が増えたぞ？　もっと喜べよ。なにもないスムーズな人生なら経験値が増えないぞ。もしおまえがそうなら、今回の人生の成長は乏しい。だから喜んでいいんだぞ」

「……喜ぶって」

「笑えよ」

寄り添ってるというより、へばりついて面白がってる存在？（笑）

知らんふりという選択肢しかない

急に消えたり現れたりするのもおじさんの特性です。

会話の途中でフーッと消えて「おいおい、消えるな！」と叫んだことは数知れず。いまは慣れたので気にしませんが、会話し始めた頃は呆然《ぼうぜん》としました。

おじさんは色んな要素で消えるわけですが、一番の原因は音です。

・すごく高い音や、響き渡るような音のときに消える（すぐまた登場する）
・低い音域では消えない（たまに体がゆがむ）
・くしゃみでは消えやすいが、咳払いでは消えることが少ない（声量による）

カーンとかキーンという金属がぶつかり合うような音では一発で消滅します（工場とか時代劇とか）。でもすぐに現れます。なんなんですかね？

音だけでなく匂いに関しても、おじさんは興味津々《しんしん》です。料理、香水、雨、風、塗料、草花、ありとあらゆる匂いに「これはなんだ」と反応し、わたしに尋ねます。おならをすると見つめられます。

ついでに書きますが、おじさんは鏡に映りません。何度も試しました。携帯端末やカメラ越しにのぞいても見えないし写りません。そりゃそうか。


「だれかといるときにおじさんが現れたら？」

この問いに対する答えは、わたしが日常生活を送る上での最重要課題です。

基本は知らんふり。一択です。

他の選択肢、なし。

・いま知らんふりしてるからなと、おじさんにアイコンタクトを送る
・おじさん、それをキャッチする（たまにキャッチしない。理由は不明）
・おじさんがわたしに話しかける頻度が下がる（だがずっと黙ってはいない）

おじさんに話しかけられるたびに、いちいち答えていたら――。

わたしと同席する人は、どう思うでしょうか？

皆さんがそんな人と一緒にいたら、どう感じます？　ドン引きでしょ？

こいつヤバい、頭大丈夫か、気持ち悪い――、そう思いませんか？

つまりどれだけ考えても知らんふりという選択肢しかないのです。

そこでおじさんと会話すれば、相手は二度と会ってくれないでしょう。ただでさえ友人も知人も少ないのに、いよいよ一人もいなくなります。

飲食店でワイワイやっているときもおじさんは現れますが（一切登場しないときもある）、店内の様々な音の影響で出たり消えたりを繰り返します。

その様子は、まさに漫画やアニメのキャラ。

一人で笑いをこらえ、でもこらえきれなくてプッと吹き出すと「どうした？　なんか面白い？」と必ずだれかに言われますが、いやー、思い出し笑いと答え、引かれることも多々あります。

えー、気持ち悪ーいと、その昔、合コンで女性陣によく言われました。

「こびとの動きが愉快《ゆかい》なんです」

正直にそう答えるより、ずっとましです。

だれかと会うときの「おじさんアラート」

わたしがだれかと会っているときの、おじさんの行動パターンは３つです。

①相手に触ったり体に乗ったりする
②触ったり乗ったりはせず、相手をじっと眺《なが》めている
③現れない（登場しない。あるいは登場してもすぐに消える）

「相手に触ったり乗ったりするのはエネルギーの確認なんだよね？」

「そうだ」

「おじさんが触ったから相手に健康面での被害が生じるとかないよね？」

「あるわけがない」

「じゃあ、じっと眺めてるときがあるじゃない？　あれは？」

「エネルギーのチェックだよ。おかしければ近づかない」


これ、実はわたしの「おじさんアラート」です。

初対面の相手は眺めているだけのことも多いし、なんなら登場しないことも多いので問題ありませんが、同じ人物と何度か会っても、ただ眺めている――。

この場合、おじさんはなんらかの理由で警戒（アラート）しています。

わたしもその人たちになるべく会いません。会社に勤務していた頃も、おじさんが絶対に近寄らない社員がいました。ええ。わたしも彼らを警戒しました（笑）

対面した相手がなにかに憑依されているようなケースでは、おじさんがあとで教えてくれます。いやそれ聞きたくない（苦笑）

男と女のエネルギーは質が違う

女性が大好き――。これもおじさんの特徴です。

男性には冷静で、すぐに体に飛び移るようなことはしませんが、女性の場合、それがよほどの相手じゃない限り（※ヤバいエネルギーの持ち主とか憑依されてるとか）おじさんは積極的に「お触り」行動に出ます。

わたしは大学を卒業して新卒入社した会社（専門商社）を4カ月で退職し、知人の紹介で繁華街のクラブ（お姉さんがお酒を作るお店）で働いた時期がありました。

そこでおじさんの女性好きを、まじまじと目撃しました。

わたしの仕事中、おじさんはいつもフロアにいるキャストたちのひざからひざへと飛び回ってました。あの光景はいまも瞼《まぶた》に焼きついています。

とくにママが大好きでしたね。お姉さんたちの間を駆け抜けたかと思うと、最後は必ず和装のママのひざの上に座っていました。

水商売から出版界に転職したわたしは流通業界向けの専門誌（業界誌）の編集部に入ったのですが、その雑誌はファッション・アパレル業界に向けたもの。
だから打ち合わせ相手も取材先も、とにかく女性が多い。
おじさん？　もうね、体をつかめるならつかんで、かごにでも放り込んでおきたいくらい、あちこちのお姉さんたちを渡り歩きました。大奥か（笑）
その会社には約10年いましたが、わたしが会った外部の方の中におじさんが見える人が三人いました。わたしのおじさんが見える人が一人、あとの二人は自分についているおじさん（&おばさん）が見えると話していました。

さらに別の出版社に転職したわたしが、今度は書籍の編集者として最初に名刺交換した作家は、船井幸雄さんでした。経営本や精神世界本の作家として有名な人です。

その出版社に転職してすぐ、当時の社長に「キミが担当してくれ」と言われ、挨拶に伺いました。そして会社を辞めるまで9年間、船井さんの担当編集でした。

だから船井さんの会社にはしょっちゅう行きました

が、船井さんの会社は女性スタッフが大勢いて、おじさんはまたもや女性陣の体にへばりつく日々でした。

まるでフリークライマーのように彼女たちの体をよじ登るおじさんを凝視していると「瀬知さん、視線がヤバいです」とやんわり注意されたこともありました。

たしかに。変態を凝視する変態（笑）

いまも作家や取引先の担当者が女性だと、おじさんは初対面でない限り、それがまるで習慣かのようにひざや肩へとすぐに移動して座ります。

登場頻度は相手によって違います。

多い人、少ない人。様々です。おじさんが登場しない人もいます。

妻がソファで昼寝しているときに頭からつま先まで歩く様子は圧巻です。さすがにだれにもとがめられないので凝視しています。

動画に撮れれば、俺、金持ちになるんだけどなあ……、と切ない気持ち（笑）

ホントに女好きだよなとわたしが言うと、

「気持ちいいんだよ。男と女のエネルギーは質が違うんだぞ」

と、おじさん。

「質が違う？」

「荒々しさ、とげとげしさがない。柔らかいエネルギーだ」

なんかもっともらしいことを言ってますが、もしあの光景を見ることができたならただの変態にしか見えませんから（笑）

作家の自宅や仕事場を気に入った理由

作家の話が出たついでに、おじさんがお気に入りだった作家の事務所とか自宅を挙げてみます。わたしが書籍の仕事でご一緒した作家の方々です。

なお、数え切れないほど通った場所から、たった一度きりの訪問まであります。

まずは出版社勤務時代、おじさんが気に入った場所。

- 宮城悟さんの自宅兼事務所
- 船井幸雄さんの自宅兼事務所（熱海）
- 大橋智夫さんの事務所

・野田大燈さんの勤務先のお寺（總持寺）
・小宮一慶さんの事務所
・金澤翔子さん泰子さん親子の自宅兼事務所
・米山公啓さんの事務所
・きむらゆういちさんの自宅
・原ゆたかさんの仕事場
・前野隆司さんの研究室（日吉・慶應義塾大学）
・清水義範さんの自宅兼仕事場

宮城さん、船井さん、大橋さんは精神世界系の作家で、他の皆さんはビジネス書、エッセイ、児童書、小説など、各部門で有名な作家です。

次はフリーランスになってからの、おじさんが気に入った場所。

・田村珠芳さんの自宅兼事務所
・秋山佳胤さんの事務所

・矢作直樹さんの自宅兼事務所
・中矢伸一さんの事務所
・平井克也さんの事務所兼カフェ

こちらの方々は精神世界系の作家であり、田村さん、矢作さん、中矢さんは、世界情勢にも精通する作家です。矢作さんはこれまで25冊の書籍でご一緒させていただきました。30万部のベストセラーを体験させてくれたのも矢作さんです。

なぜ、おじさんがこうした方々の事務所や自宅が好きなのかと言うと、その空間におじさんの【お気に入りの存在】がいたからです。

妖精、龍神、地球外知的生命体など、行く先々でおじさんから「あれがいる」「そこにいるぞ」と聞かされました。まあね。わたしにはなにも見えませんが（笑）

そういう場所は清々しく、透き通ったエネルギーがあふれており、そこにいる人たちも、そのエネルギーを受け取るそうです。

犬猫や子どものおじさんへの対応

「犬猫とは仲がいいよね」

「あいつらは俺が見えてるからな」

「やたらと近づこうとするよね？　やっぱり珍しいのかな？」

「あいつらはおまえらと違って一度か二度会えばすぐ慣れる」

「すみませんね。人間はビビりな生き物で」


散歩中の犬が見ず知らずのわたしに急速に接近することがありますが、これはわたしに興味があるわけじゃなく、わたしの足元をチョコチョコと歩くおじさんを見て、なんだこいつと興奮した結果の行動です。

犬はよく吠えます。ワンワン、キャンキャン、バウバウ吠えます。

前足で触ろうとしますが触れません。おじさんの体をすり抜ける自分の足になにか妙な感じがするのでしょう。グルグル回り始めたり、後ずさりしたり、猛烈に吠えまくったり。リアクションも様々。おじさんを見てビビってしまい、おしっこを漏らしちゃう犬もいます（叱らないでやって）。

猫は犬とはやや違う態度を見せます。

猫もおじさんが見えていますが、犬と違ってすぐに近寄ろうとはしません。そこは警戒心が満載。友人が飼っている猫も、野良猫（地域猫）も、猫カフェの猫も、みんな同じ。ハッとして固まり、低い姿勢で身構えます。

わたしのそばにいるおじさんを見ると刮目《かつもく》し「おまえなんだにゃ」って感じで動きません。あまりにも小型の人間がそこにいる。不気味だろって雰囲気です。

そのうちシャーするとか、やんのかステップを始めます。

触れない存在だとわかるとあきらめ、以後はただじっと眺めています。

犬や猫の体におじさんが乗ると、最初は転げ回って嫌がります。

しかし自分に害がないとすぐにわかる。で、慣れるとおじさんのそばに行って体をかがめたりします。まるで「乗れ」とでも言うように。

中には最初から吠えたりシャーしたりせず、おじさんに近づいて温かい目で見つめる犬や猫もいます。心が優しいのか、器がデカいのか、転生回数が多いのか。

わたしは90年代後半にジャンガリアンハムスターを飼っていましたが、ハムスターもおじさんが登場するとハッとしていました。

ただ、ハムスターには謎の硬直化があります。よって、おじさんを見てハッとしたかどうかは定かじゃない（笑）

「犬猫とか動物もおじさんが見えるけど、子どもって見えやすいんだよね？」

「そうだな。見えないやつも多いが大人に比べると多いぞ」

「飲食店とかでさ、俺を見て、たまにあれって顔する子がいるんだよね」

「わからないんだろうな」

「電車で赤ちゃんが俺の肩に座るおじさんをつかもうとするのは面白いよ」

「つかめないけどな」

「じきに見えなくなるんだよね？」

「そうだ。成長と同時におまえらのエネルギーが別の力を帯びる。それで膜《まく》がかかるんだ

よ。中には見え続けるやつもいるが少ない」

視覚的に見えなくなっても人間にはいくつかの隠れた感覚（才能）が残っており、たとえば直感（霊感）はその一つです。

「いまは見えなくても、直感がよく起きるやつは俺たちが見える可能性が高い。そういうやつとは周波数が合う確率が高いんだぞ」

ハッとする感じ。その瞬間、頭に（心に）なにかがふっと浮かぶ。直感はそんなイメージです。そして直感はだれにでも起こります（頻《ひん》度は別）。

わりといい加減な人生を送ってきたにもかかわらず、なんとかなってるような人間ほど直感が強いイメージがありますが、どうですかね？（笑）

前章（一章）で、オーブに注目する（つまり興味を持つ）ことでおじさんとの遭遇《そうぐう》確率が上がると述べましたが、直感を大事にすることもおじさんとの遭遇を引き寄せます。

ハッとする、ふっと浮かぶ。そんな感覚を大切にしましょう。

愚痴ったらもう少し湯船に浸かれ

トイレや風呂にもおじさんは現れます。

最初に遭遇した頃（10代）はトイレでうんこしてる最中、おじさんが足元をチョコチョコと歩く状況に震えました。心霊番組なんて比較になりません。

「トイレには出ないでくれる？」

話せるようになってからそう伝えましたが、ただ見つめられるだけ。

人間なら変質者として普通に逮捕されますが、妖精というか正体不明の存在ですから腹も立たなくなる。羞恥心《しゅうちしん》ゼロです。

ついには「おい、今日はこういうのが出た」と、トイレでおじさんと便器の中を一緒に眺めるようになりました。おじさんの感想？　なし（笑）

風呂に入っているときにおじさんが出るのは、1週間に1、2回くらいです。

毎回は出ません。音が関係するのかもしれませんね。残響音？

結婚するまでは風呂なしアパートだったので近所の銭湯に行きましたが、おじさんがついてくるのは1カ月に一度くらい。それもごくわずかな時間でした。

そのわりには旅行先の露天には確実に出現します。違いがわからない。

自宅の風呂に出没するときは浴槽の縁《ふち》に必ず腰掛けます。

おじさんが濡れることはないし、風呂に浸《つ》かることもない。

湯船に浸かっているとリラックスしているからか、わたしの頭や体から悪いエネルギーが抜け、その分、新鮮なエネルギーが取り込まれるそうです。

そういうときに限ってムカついたことをおじさんに愚痴ってしまう。散々愚痴って上がろうとすると「ダメだ。もうちょっと浸かっていけ」と止められます。

愚痴るのは構わない、でも悪いものを溜《た》めるから愚痴ったら少し湯船に浸かって、体に溜めたものを出してから上がれと。

この方法は皆さんにもオススメします。のぼせない程度に（笑）

キッチンに現れると、おじさんはウロウロします。

妻が調理中ならその体にへばりついたりよじ登ったりするし、わたしが洗い物をしているときは水切りに並んだ器やコップをじっと眺めます。「なんの匂いだ？」と尋ねるので教えますが、それに対する反応はなし。なんもなし。なんか言えや。

食事のときもたまにテーブルに現れ、並んだものを見ています。単純に気になるようです。とくに深い意味はなく。

わたしのおじさんが見える人々

わたしのテンションが爆上がりするのは、わたしのそばにいるおじさんが見える人と出会ったときです。その場で何度も確認します。

一部、紹介させていただきます（※前出の業界誌時代の３人は省きます）。

貿易会社を営む長年の友人の紹介で知り合い、かれこれ7年近く交流させていただいた不思議な能力を持つおばあちゃん（２０１０年に他界）。

紙数の都合で書けませんが、その能力に圧倒されたわたしはぜひともおばあちゃんを作家デビューさせようと画策《かくさく》しました。でも最後までやんわりとお断り。

おじさんは見える人の中で、このおばあちゃんを一番気に入っていました。いまもたまにおばあちゃんとの思い出話で盛り上がります。

短時間でしたが、山手線内でわたしがおじさんといるのに気づいて、降りる駅までおじさんをひざの上に乗せて微笑んでいたモデル風の女性もいました。

極道の世界にいた年配の知人から紹介されたイケメンのお兄ちゃんも初回からおじさんが見えてました。このお兄ちゃん、すごい超能力を持ってましたね。いまは行方知れず。もしこの本を読んだら、わたしの携帯に連絡をください。


作家にもいます。自己啓発系のベストセラーを複数持つ、そのジャンルでちょっと有名な男性作家です。仕事をご一緒したことはありませんが親しい方です。

作家本人ではありませんが、有名な女性作家の妹さんから「瀬知さん、あれはなんですか」と震える声で携帯に電話がきたこともありました。

妹さんも交えてその作家の友人が経営するレストランで食事した後の話です。お姉さんに話しましたかと尋ねると「無理。頭が変だと思われます」と戸惑っていました。一応、そういう存在だと説明しましたが、動揺してましたね。

著名人の出版パーティに参加した際、一人だけおじさんが見えている表情の女性がいました。ビュッフェテーブルを歩くおじさんを目で追いながら怯えていた様子だったので、話しかけて落ち着かせようと思いましたが足早に会場から去りました。胸の名札に入る名刺に某総合商社の名前がありました。

思い当たる方がこの本を読んだら、本書の発行元まで連絡をください。

これ以外にも、わたしの移動中におじさんを目撃している人がいたはずですが、わたしがその状況を把握していないので語れません。

わりと女性が多い感じです。おじさんが女性好きだから？（笑）

なお、紹介した方々はわたしについているおじさん、つまり【他人のおじさん】が見える方。わたしは他人のおじさんなんて見えません。

それってすごい能力だと思います。

著名な創業者の肩に座っていたおじさん

他人についているおじさんは、いわば【別のおじさん】ですが、うちのおじさんは彼らとよく接触します。

別のおじさんはわたしには見えません。一度も。1ミリも。

まったく見えませんが、うちのおじさんから「さっき仲間がいた。おまえは見えなかったか？」と、都度、彼らの存在を聞かされます。

毎日のように出会い、コミュニケーションを取っているそうです。

そこに人間のような言葉は不要です。おじさんたち固有の方法があります。

情報交換会みたいなもんか？

この「おじさん同士の接触」に関するエピソードを一つ。

それは最初に転職した出版社に入社して1年くらい経ったときのこと。

当時のわたしは、流通業界向けの業界誌（専門誌）の編集部にいました。

ある日。日本マクドナルドの創業者として著名な藤田田さんが新業態についての記者会見を開くという連絡が飛び込み、わたしも会見場に行くことになりました。

会見後。大勢の記者がバタバタと会場を出る中、わたしは壇上に近づき藤田さんと名刺交換しました（息子さんもご一緒でした）。そして「新しい事業はどうやって見つけるんですか」と、いかにも新米臭い質問をしたのです。

すると藤田さんは「好奇心」と笑顔で即答しました。ほんの1、2秒。

そのときの藤田さんの言葉はいまも覚えています。

いわく、マクドナルドというお店はハンバーガーではなく時間を売る、じゃあ時間を売る商売には他にどんなものがあるのかという好奇心こそ重要なのだ、と。

藤田さんはわたしの名刺を見ながら、

「瀬知さんもね、好奇心を大事にしてください。好奇心が自分を助けるんだから」

と言いました。


その夜。おじさんがこう言いました。

「おまえがあいつと話していたとき、あいつの肩の上に仲間が座っていたよ」

「え、マジか」

「情報交換できたぞ」

「じゃあ藤田さんも、見えてるってこと？」

「いや。見えてない。アプローチはしているらしいけどな」


藤田さんの言葉で好きなものがあります。

「昨日から今日を見るのではなく、明日から今日を見るべきである」

これぞ時間軸の逆転。逆発想というマーケティング視点であり、人生を見つめ直す上でも大事な視点です。時間の流れを無視した強いエネルギーを感じます。

「時間は存在しないんだよ」

これはおじさんの口ぐせですが、その言葉に通じるものを感じます。

受け取る準備があるかないか

わたしとおじさんのエピソードを綴《つづ》っているので、おじさんはわたしにずっとくっついているように思われるかもしれませんが、そうじゃありません。

毎日現れるときもあるし、何日も姿を見せないこともあります。いて欲しいときにいなかったり、いて欲しくないときにあれこれ説教されたり。

登場は不定期。すべておじさんの都合。

複数の人を担当しているので、そりゃそうですね。

それでもおじさんとの距離感は、いまがちょうどいい感じです。

くっつきすぎず、離れすぎず。外出時に一緒に出かけることもあれば、部屋で仕事をしているときに黙って廊下を歩いていることもある。だれかとの会話中、おじさんが相手の体に触ることもあるし、少し離れて様子を眺めることもある。

なにか話したいとき、おじさんがそこにいれば話します。

20代の頃はあの世について尋ねても一切答えてくれませんでしたが、40代に入ってからは尋ねもしないのにあれこれと知識を与えてくれます。

そこについては、

「受け取る準備がないやつになにを話してもムダだ」

と言われました。

受け取る準備――。

全身の細胞に染《し》みわたる言葉です。

おじさんを探す作業には、お金も技術も必要ありません。

たまに自分の周囲を気にするだけ。いつでも、だれにでもできます。

でもおじさんを確実に見る、出会う保証はありません。

たとえば「たった3分ですぐに会えます！」と適当なことを書けば、この本の売り上げが急激に伸びるかもしれませんが、それは嘘なので書けません。

周波数、タイミング、さらに直感も、人それぞれに違います。

それでも、わたしは偶発的なきっかけで出会えました。おじさんはわたしをターゲットにしていませんでしたから。

そういうことが起きる可能性があるってことも、忘れないでください。

第二章

おじさんから学んだこと

違和感ある原稿へのおじさんのアドバイス

フリーランスの編集ライターとして独立し、３年が経った頃。

わたしはある単行本の企画でモヤモヤしていました。

人気が高まっていた作家の企画と編集を出版社に依頼され、インタビュー形式で原稿をまとめていたところ、作家から添付ファイルつきのメールが届きました。

ファイルは子育てに関する原稿でした。これも入れて欲しいと。

その作家には子どもがいません。というか結婚歴もありません。

夫婦としての経験値も育児経験もゼロの人間の子育てに関する原稿に、担当編集者もわたしも違和感を覚えました。さすがにこれはないなと。

活字の世界には、子育ての経験がなくても私見を書く人がいます。

たしかにそういう人はいますが、読者の反応は冷ややかです。

理由は書くまでもありません。

担当編集が入れないほうがいいと連絡したところ、作家はどうしても入れたいのだと反発。カットしないと主張します。

「なんとかしてください。瀬知さんも入れないほうがいいと思ってますよね？」

担当編集のメールを見ながら、おいおい、俺は初めて組む作家だぞ、投げてんじゃねえよ、と愚痴りつつ、さて、どうするかな、どうやったら説得できるんだ、とつぶやいていると、本棚に立っていたおじさんが尋ねました。


「おまえ子どもの頃のことを覚えてるか？」

「うーん、そうだなあ。……結構、覚えてるかな。いいことも悪いことも」

「俺と会った頃は父親とは口もきかなかったな」

「お互い嫌ってたよ。親父には昔からよく殴られた。跡《あと》取りのくせにって」

「母親は疲れ切ってた。おまえは母親とはよくしゃべったな」

「親父が会社辞めて自営業を始めてから貧乏になったし、同居のばあちゃん（父方の祖母）がお袋にキツかった。おじさんと出会ったのは俺の暗黒期だったよ」

「でもおまえ楽しそうだったぞ。親の言うことはまったくきかなかったけどな」

「友だちが結構いたからね。家の中が暗いから外に行くしかない」

「短気でケンカもよくしたな。でも元に戻るのも早かった。あれは特技だぞ」

「すごい観察力だね。さすがおじさん」

「なあ」

「ん？」

「その作家も子どもの頃があったんじゃないか？」

「あったりまえだろ。子ども時代がない人間なんておらんわ」

「だったら子育てのことを書いてもいいんじゃないか？」

「へ？　なんで？」

「子どもだったときの育てられた経験なら、だれにも文句は言えないぞ」

思わず、あ、と声が漏《も》れました。

急いで作家へのメールを書いていると、おじさんはこう言いました。

「おい。大事なことは会って話せ。目を見て話せ。指で伝えるな」

またしても、あ、と声が出ました（笑）

数日後。恵比寿の喫茶店で作家と会い、わたしは意見を述べました。

読者に自分の状況を伝えた上で（※作家の多くは結婚とか未婚とか離婚とか別居とか再

婚とか家族についてあまり触れないし触れたがらない）、自分が育てられた経験をもとに、いいことも悪いことも書いてみないかと。

子どもはいないけれど、かつて子どもだった——、その視点での提案だと。

その場で作家の了解をとったわたしは、一連のやりとりを担当編集者に伝えすべてを共有。入稿、ゲラ校正、校了、そして見本出しを迎えました。

発売後、その作家をより身近に感じるようになったという読者ハガキが山のように届きましたと、担当編集者から連絡が来ました（しかも発売5日で重版）。

「おまえ嬉しそうだな」

「そりゃね。俺の一番のご褒美《ほうび》は重版だし」


実はですね。この手の話がたくさんあるんですよ。

出版社が決めたタイトルを直前でひっくり返した本（ベストセラーになった）。

仕事をするなと警告されて事後の惨劇を回避した企画。いくつもあります。

実名を出せないのが残念ですが、数々の場面でおじさんはひと言、ふた言、わたしに物申すことがありました。いや……、過去形じゃない。いまもです。

だからといって目の前にいる手のひらサイズのアドバイスなんですよ、なんて取引先に

は言えない（苦笑）
出版社の皆さん。そして作家の皆さん。
わたしではなく、おじさんの意見ですから。悪しからず。

わたしの教訓

経験はだれにでもある。それをどう生かすかはその人次第

先に謝ると終了の線引きができる

業界誌の編集部にいた頃の話です。
あるとき、筆者にお願いした原稿量が圧倒的に少なかったことがありました。焦《あせ》って筆者に電話したところ「聞いてません」。いやいや、企画書を渡してますよ、打ち合わせでも話しましたと伝えましたが、最後までわたしが間違っていると言い張ったのです。なんなんだ、こいつ。頭おかしいのかとムカつきました。

帰宅後。おじさんに愚痴ると、こう言われました。

「おまえ、なんで謝らないんだ」

耳を疑いました。

「俺が謝る？　俺が？　謝るのは約束を守らなかった向こうだろ。なに言ってんだ」

「時間がないんだろ？」

「ないよ」

「じゃあ謝れ。それで仕事してもらえばいい。だれも傷つかない」

「アホか。俺が傷つくだろ」

おじさんが腕組みしました。

「おまえは図太い。適当に生きてるやつは傷つかないぞ」

適当に生きてるのは間違いないけど、それは理不尽だと感じました。

「おまえが誤解させたかもしれないぞ。ないと言い切れるか？」

そう言われ、ぐらつくわたし。

打ち合わせの席では雑談（映画話）で盛り上がったし、楽しかった。でもひょっとしたらその場の勢いで、なにか変なことを言ったかもしれないぞ、と。

「おまえは先に謝れない。昔からだ。なぜだか教えてやろうか？」

まるで仏像のように無表情で見つめる顔。

「先に謝ると自分が負けた気がするからだ」

図星。悔しいけど図星。でもそうだとは絶対に言いたくない。

「さっさと謝れ。自分が悪いのか相手が悪いのかを探すのはその後にできる。謝って仕事して、考えるならそれから考えろ。そいつとこれからも仕事するんだろ？」


たしかに。これっきりなら無視できますが、そうはいきません。

翌日。わたしは電話をして、昨日はすみませんでしたと謝りました。

すると、いや自分が間違っていました、ごめんなさいと謝られました。追加原稿をすぐに送りますと。えらく丁寧な口調でした。

校了後。その人と表参道のカフェでお茶を飲むことになりましたが、どっちが悪いのか、もうどうでもよくなっていました。


「おまえは謝れないやつだったな」

おじさんが昔話のついでに、そう口にしました。

「俺に非がないんだったら謝る必要なんてないと思ってたからさ」

「おまえら人間のトラブルはどちらかが一方的に悪いケースより、どちらにも原因があるケースが多い。さかのぼって理解してないだけだぞ」

「そうなんだよね。ホントそれ」


なお、先に謝ると相手がドヤ顔になったり余計なひと言を投げられたりすることがありますが、先に謝るのが習慣化すると、そういうのも気にならなくなります。

トラブル終了──。

その線引き（区切り）を自分が主導できるからです。

でもおじさんがいなかったら、いまも習慣化してなかっただろうなあ（笑）

わたしの教訓

トラブルは両方に原因があるケースが多い。さかのぼって理解すること

人間が一番好きなのは「幸せな自分」

人気ファッション雑誌の編集長から紹介され、交流を始めた人物がいました。クリエーター界隈《かいわい》では有名人です。

ある日。その人の誕生日会に呼ばれました。しかもプレゼント持参という条件つき。本人と仲良しの業界人たちが決めたルールです。

相手は有名人。なんでも持っているはず。しかも高価な物ばかり。

わたしが考えた挙句《あげく》に選んだものなんてとくに感動はない。自分のセンスなんて、たかがしれています。迷っているうちに誕生日会の前日となりました。


「都合悪くて行けないって言えばよかったよ」

ため息交《ま》じりでおじさんに愚痴りまくりです。

「そいつが好きなものを買えるものを渡せばいいんじゃないか？」

おじさんがいつもの無表情で言いました。

「それって、もしかして——、お金のこと？」

「そうだ」

「いやいやいや。いやー、それはダサいだろ。さすがにダサい。無理だわ」

「なぜだ？」

「選んだプレゼントを渡すのがいいんじゃないか。そういうもんだろ？」

「でもおまえは選べない。買わなくていいのか？」

思わずムッとしておじさんをにらみました。

「おまえら人間が一番好きなもの、なんだか知ってるか？」

「一番好きなもの？」

「幸せな自分だよ」

「幸せな自分……」

「その幸せを生むためには自分で選びたい。他人ではなく自分で選んだもので幸せになりたい。幸せをずっと感じたい。満足感や達成感は他人からもらうもんじゃない。自分でつかんで感じるものじゃないのか？」

急に哲学的なことを言い始めたおじさんに、わたしは激しく同意しました。

決めた——。お金渡そう。

でも、せめて入れ物はちゃんとしようと（茶封筒はないなと）渋谷や表参道の店を巡回しておしゃれな封筒を購入。祝い金を入れて持参しました。

パーティ会場は大勢の参加者で賑《にぎ》わっていました。あちこち有名人だらけ。次々とプレゼントが渡されます。高そうな置物や絵画もありました。

すげーなあと見ているうちに、わたしの番になりました。

あれ、お手紙ですかと、司会役の女性が尋ねたので、

「これはですね、あの――、自由に買い物ができる魔法の紙です」

そう答えるとシーンとなり、直後に爆笑が起きました。えぇー、現金なのと、驚きと笑いが起きまくり。あり得ないよねという失笑も耳にしました。ただ、本人が呆れたら交流もそこまでだろうと、心は妙に落ち着いていました。

その誕生パーティから3週間くらい経って。

銀座三越の近くで本人とばったり遭遇しました。この間は失礼しましたとわたしが頭を下げると、思いがけなくありがとうと言われたのです。

「意外だったけど嬉しかった。正直言えば欲しくない物をもらっても全然嬉しくないし、処分にも困る。それにあの封筒、センスいい」

社交辞令だろうと思いましたが、試しに友人へのプレゼントなどをこの形にしたところ、意外と評判が良かったんです。

意識が変わったのはそこからでした。

いまのわたしはなにかをあげるようなとき、基本的には現金で渡します。自分で欲しいものを買ってもらうのが一番だと思うからです。欲しいものが決まっているときは本人と一緒にお店に行くか通販サイトを見ながら決めます。最近はアマゾンギフト券をメールで送ったりもします。

わたしみたいにセンスに自信のない方は、ぜひお試しください。

やり方が「ダサい」などと嫌味を言われたら、その相手とつき合う必要なし。単にセンスの違いですから。

わたしの教訓

人は意外なものに興味を示す。周囲がどう言おうと自分のセンスを示すこと

質の悪いエネルギーで世界は悪化する

想像すらしない言葉を、おじさんが投げつけてきたこともあります。

それは出版社に勤務していたときの会議でのこと。

いわゆる編集会議で、そこでは書籍の出版企画を検討するわけですが、社内の編集者や営業部の担当者の他に、外部のフリーランス編集者（ライター）や編集プロダクションの関係者も参加しました。

「あれは驚いたよ。マジで脳が揺れた」

「そうか」

その会議の場で、ある社員編集が薄毛とかハゲという言葉を連発しました。わたしを見ながらのニヤニヤ顔。企画とは関係なし。明らかに挑発でした。

便乗したフリーライターが「瀬知さんが気の毒だよ」と口にすると、おっさんたちは爆笑。中高年男性の多くは髪の毛の話題が大好きですからね。

ムカつきました。ハゲを指摘されて恥ずかしいからではありません。生《い》け贄《にえ》を作り、その場を有利な空気にしたい意図が見え見えだったからです。浅ましさというか、場に媚《こ》びて味方を増やそうとする卑《いや》しさにムカつきました。

黙っていたわたしの内心は「ぶっ潰《つぶ》す」。一択です。

こいつの企画をマジで木《こ》っ端《ぱ》微塵《みじん》にする。どの攻撃レベルがいいかと頭をフル回転していると、いきなり目の前に現れたおじさんがこう言いました。

「おまえ、あいつを褒《ほ》めろ」

え——

褒める？

は？？

潰せじゃなくて、褒める？？？

我が耳を疑いました。頭がパニックです。さすがにこの状況はきっちり迎撃しないとダメだろうと、わたしはおじさんを見つめながら戸惑いました。

「やり返すと気持ちいいだろうな。でもおまえに低レベルのエネルギーが生まれる。それでもいいのか？」

いつもの無表情でわたしに言うおじさん。

「やり返すとあいつと同じエネルギーだぞ。いいのか？　あいつを褒めればおまえはもっと上のレベルのエネルギーを獲得できる。いまより上のエネルギーだぞ」

当の男性社員が自分の企画の説明を始めました。

「出したエネルギーは残る。消すのが大変だぞ。すぐには入れ替わらない」

褒めるか、ぶっ潰すか。

あのときの葛藤《かっとう》。いまも鮮明に覚えています。

説明された企画はちょっとマニアックで参加者が突っ込むことも難しく、その会議を仕切る社長が「だれが読むんだ」と眉間《みけん》に皺《しわ》を寄せました。賛同もなく、普通ならそのまま流れる状況でしたが、その寸前、思い切って言いました。

「この著者は面白いし、自己啓発のテーマをぶつけてみればいいのでは？」

出された企画で読者の獲得は難しい、でもこの著者の専門性は面白い。

そこを生かす形で読者の多い自己啓発分野ならどうか、と（※注、わたしは面白いと言ったのであって売れるとは言ってない）。


会議前に参加者の企画書をざっと見て、その著者が面白いと感じたのは事実だし、テーマを変えて再検討すればいいと思ったのも本心。そこに嘘なし。

ただ直前であの発言があったので、フォローするのはやめようと決めていました。そんな心の揺れを、おじさんに見抜かれたのです。

結果は、いまの形の企画だとボツだけれど、著者と再び相談してみろということになりました（結局、出版は実現せず）。

「昨日さ、ありがとう」

翌日、エレベーターの中で当の男性社員がわたしに言いました。ボソッと。

いやいや。あんたのためじゃないからと腹の内で返答するわたし。

不思議と心は穏やかでした。


その会議の日の夜。

おじさんにこんなことを言われました。

「嫌味を言う相手は、おまえが気になってしかたないんだぞ」

「俺さ、これまで色んなところで嫌味を言われてきた気がするんだよね」

「心底嫌いなら、おまえとは目も合わさない」

「そういうもんか……」

「おまえは絶対に嫌味を言うな。まねするな。嫌なエネルギーが来たら避けろ。もし避けられないなら笑うか、相手を褒めろ。それでおまえのエネルギーを守れる」

「……はい。努力します」

「エネルギーはそいつの中にずっといるんじゃない。質のいいエネルギーも質の悪いエネルギーも、すべて体の外に出る。そしてこの世界を循環する。質の悪いエネルギーが大量に放出されたら、おまえらの世界はどんどん悪化する」

「んじゃあ、俺は世界を守ったのか？」

半笑いでわたしが言うと、

「そうだ」

無表情って、こういうとき無敵なんですよ（笑）

わたしの教訓

嫌味に嫌味で返さない。聞き流す、笑う、褒める。これでエネルギーを守る

幸運も不運も分かれていない

エネルギーの話になると、おじさんは止まりません。

「この世界のすべての出来事は感情の流れで構成される。おまえらの感情がすべての出来事を生み出すんだぞ。その感情の束《たば》がエネルギーだよ」

「嫌な感情が出まくると大変だね」

「そうだ」

思った通りにいかないなあ、と口にすると、おじさんに必ずこう言われます。

「願いが叶わないことにも意味がある」

初めてそう言われたとき、わたしにはちょっとゆがんだ感覚がありました。

「そういうの精神世界が好きな人がよく言うけどさ、気休めだろ？」

「違うぞ」

この手の話になると、おじさんは早々に腕組みします。

「人間が幸運とか不運と呼ぶものはエネルギーが循環した結果だ。そいつが気づくかどうかの違いだけなんだよ。幸運も不運も分かれていない。いつも人間のすぐそばにある。すべてはこの世界に流れるエネルギーだからな」

「仕組みを知りたいんじゃなくて、みんなつかみたいんだよ。幸運を」

「つかんだからといって、いい人生になるとは限らない」

「なるだろ？　幸運をつかんでハッピーになりたいと思って生きてんだから」

なに言ってんだと失笑すると、おじさんはそこが違うと言いました。

「そもそも運はつかむもんじゃない」

「は？」

「つかむもんじゃないし、つかめない」

「……ん？」

「取り込まれるんだよ。おまえら人間が幸運とか不運と呼ぶものは感情の束、つまりエネルギーだ。この世界を循環する、いくつもの大きな流れだよ」

「……取り込まれる？」

「日常を作ってるのはなんだ？　出来事を作るのはおまえらの発言や行動だろ？」

「あ……、だね」

「言葉、態度、行動、習慣、そういうものが結果として生み出すエネルギーをおまえらは日々、自分に取り込んでるんだよ。わかるか？」

「わかる」

「少しずつ取り込んだエネルギーはやがて満杯になる。そして表に出る、つまり現象化するときに幸運とか不運と呼ばれるんだ。おまえら自身が毎日取り込んでるんだぞ？　ある日どこかでギュッとつかんだものじゃないからな」

「満杯になる……」

「満杯になったエネルギーが外に出て現象化すると空になる。そこにまたエネルギーが入る。そいつが取り込んだときのエネルギーの質で出来事の内容が決まる」

「あれか――、食べたものが細胞化されて、それが体を作るっていう」

「同じだよ」

わたしは運気というものの裏側を見た気がしました。

わたしの教訓

運はつかめない、取り込まれるもの。幸運も不運もエネルギー循環の結果

願いが叶わないことにも意味がある

家族、友人、恋愛、仕事、お金、はては政治から経済まで——。

この世の出来事はすべてエネルギーの流れであり、自分が取り込んだエネルギーの質で現象化するときの状態が決まり、結果として善し悪しが判断される——。

ちょっと興味深い情報だと思いませんか?

「運とか不運とかおまえらが呼ぶエネルギーの質は、容器(人間)の中でのバランスで決まる。バランスはそいつがどうしたいかという意識と無意識、その両方の領域での駆け引きの結果なんだぞ」

おじさんはそう説明します。無意識（潜在意識）という領域に関する話をおじさんから聞いたのは90年代、まだ業界誌の編集部にいたときでした。

「じゃあ、あれか。たとえば自分はこうしたいのに実現しないとか、逆にそうなりたくないのに実現しちゃうとか、そういうのって意識だけじゃなく無意識っていう世界のエネルギーが関係するってこと？」

「そうだ」

「無意識の世界とか領域ってよくわからないんだけど。それ無視できないの？」

「できない。意識と無意識は常に一体だ。どちらかだけでエネルギーが循環してるわけじゃない。こうなりたくないと意識上で思えば、それを体験したいという逆の感情（エネルギー）が無意識の領域に生まれる。これがエネルギーの特徴だ」

「なんでそうなる？」

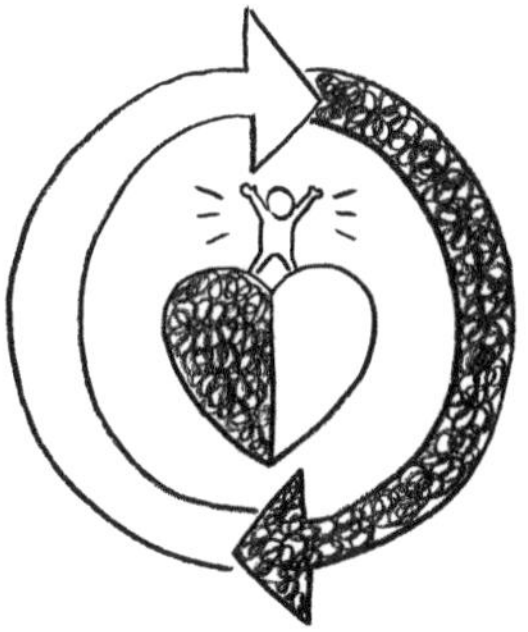

「エネルギーはバランスを取る。1なら1、2なら2、右なら左へ、上なら下へ。同じ力でバランスを取る。一方通行じゃない。往復する。つまりゼロを目指す」
「それって物理で言えば、作用・反作用みたいなもん？」
「そうだな」

わたしたちは目の前の現実に悩むことがありますが、それらは意識と無意識という領域内での「バランス攻防戦」の結果だったのです。先ほどの話――、願いが叶わないことにも意味があるというのは、そういうことでした。

＼わたしの教訓／

意識と無意識は一体。そして常に逆のエネルギーが生まれて往復する

エネルギーの偏りをゼロにすればいい

おじさんは続けます。

「こうしたいっていう強い意識をずっと持ち続けると、逆のエネルギーが無意識世界で生まれても、その強い意識が実現する。エネルギーの強弱の結果だ」

「それさ、強く意識を持ち続けないと実現しないってことだよな？」

「そうだ。実現するやつ、成功するやつ。そういうやつらはみんな強い意識の持ち主だよ。意識で自分を覆《おお》ってるから願いが叶う。でもな」

「でも？」

「エネルギーはバランスを取りに来る。なにかが叶うとなにかが叶わないという無意識世界でのエネルギーが来る。叶わないことを実現させるために」

「無意識ってしつこいんだな。防げないの？」

「防げる」

「え……、どうやって？」

「つかんだものを吐《は》き出せばいい」

「吐き出す？」

「エネルギーの偏《かたよ》りをゼロにすればいいんだよ」

「え……、ゼロにするって？」

「金が入ったやつは金を使えばいい。一度じゃないぞ。ずっと使え。じゃんじゃん使えばいい。成功したやつは成功したいと思ってるやつを全力でサポートしろ。無意識世界の取り返しは、これである程度まで防げる」

「なるほど！　海外の自己啓発本にも、そういうのがあったなあ」

「書いたやつらはエネルギー循環の仕組みを理解してたんだろう」

「自己啓発本ってさ、オカルト的な要素が入った本が意外と売れるんだよね」

「売れることばかり考えるな」

「ちょっと待て。ある程度まで防げるって言ったよな？　防げないこともある？」

「もちろん。社会への貢献が中途半端で、継続性がないときは防げない。そいつ自身じゃなく、そいつの周囲に大きく影響することもあるぞ」

「それはどうすればいい？」

「どうすればいいじゃなくて継続的に貢献しろ。自分にできる貢献でいい」

【取り込んだものはどこかで吐き出せ】
【さもないとその人自身、もしくはその人の周囲が崩壊する】

ざっくりまとめると、そういうことです。

わたしの教訓

無意識が取り返しに来るのを防ぐ有効な手段は、得たものを吐き出すこと

お金が入ればお金を使う、それを継続する

お金の元になったものは、自分が日々、取り込んだエネルギーです。
わたしたちの中では常にエネルギーが入れ替わります。だから古いエネルギーで現象化

したお金が手元に残ると、エネルギーの流れ（通り）が悪くなるのです。

そのお金でなにかを買う、寄付する、サービスを受ける……、つまり使うことで自分の手元から古いエネルギーが消え、代わりに新しいエネルギーが生まれて、社会にもお金を回すことができる。

すると良い流れしか生まない――。おじさんはそう語ります。

この理論。わたしはメチャクチャ納得しております。


では、どんなふうにお金を使うか？

不動産の購入、高級車の購入、高級腕時計の購入、宝飾品の購入、趣味への投資、株式や国債やベンチャーへの投資、人への投資、グルメ、国内外の旅行……。

色々あります。

そこまで大きなお金が入った場合じゃなくても、日帰りでちょっと足を延ばして遊びに行く、いつもよりちょっと高い食材を買う、いつもよりちょっと上のメニューを注文する、ショッピングでちょっとだけぜいたくする。

つまり【お金を使う】こと、そしてそれを自分にとって無理のない範囲で継続すること。

これがお金の循環を生むというわけです。

【お金が入ればお金を使う。吐き出す。これを継続する】

するとと自分も世の中もうまくいく。

極めてシンプルなルールだと思いませんか？


「なあ、大きなお金が入ったとかすごい成功をしたとか、そこまでのスケールじゃなくて、ちょっといいことがあったっていう場合、なにすればいい？」

「だれかにちょっといいことをすればいい」

「ああ……、やっぱりそういうことね。了解」

「もっといい方法があるぞ」

「いい方法？」

「ちょっといいことが自分によく起きる方法だよ」

「え？　なにすればいい？」

「ちょっといいことを先にだれかにすればいい」

「あ――」

「エネルギーは循環する。グルグル回る。いつも言ってるだろ」

「そうだった……」

「なにかいいことを望むなら、だれかにいいことをしてもらうのじゃなくて、自分からいいことをだれかにしろ。たったそれだけだ。おまえが流れを作ればいいんだぞ」

「了解です」

「周囲をよく観察しろ。とくに嬉しくない、困ってないことをされても、だれも喜ばないだろ？　昔、おまえに言葉遣いや態度を変えろと言ったのは、変えることでおまえに関係するやつらも気分が良くなるからだ」

とても腑《ふ》に落ちました（笑）

わたしの教訓

ちょっといいことを先にだれかにすれば、ちょっといいことが自分に起きる

調子がいいときを忘れているという話

このエネルギー循環の話と関連しますが、なんか調子が悪いなあ、とわたしが愚痴をこぼすと、おじさんは決まってこう言います。

「おまえの調子がいいときってどういうときだ？」

「え？」

調子がいいとき。俺の調子がいいとき。

なんだろうな……。

おじさんはただ、わたしをじっと見つめるだけ。

「おまえがうまくいってるときの状態を忘れてるんだよ」

「状態を忘れてる？」

「調子がいいときを忘れなければ悪くならない。そう思わないか？」

「ああ、なんとなく……」

「自分がどういうときに調子がいいのか。どういうときに調子が悪いと感じるのか。それを知れ。調子いいときの状況を覚えておけ」


これをすぐに理解できるのは、アスリートやプロスポーツ選手かもしれません。

彼らほど、練習中や試合前後の自分の調子を重要視する人間はいません。

一流と呼ばれる実業家や経営者も、自分の調子を重要視します。


この会話のときに、ふと思いました。

よく、いつもうまくいかないとか、いつも運が悪いとか、口にする人がいるじゃないですか？　これって調子がいい自分をずっと忘れてるんじゃないかと。

つまり調子がいいときも悪いときも、それぞれ共通点があると思うんです。

共通点——、似た条件です。まずはそれを探すことが先決だろうと。


【生活習慣、話し方・口ぐせ、態度、行為・行動、思考、感情の起伏（リズム）】

自分の言動、自分と一緒にいる人物の言動、自分が身を置く組織・コミュニティの特徴。

それらが作る空気感が、調子の良し悪しに影響するのではないかと。

調子は勝手に悪くなるわけじゃないんです。

わたしの教訓

調子がいいときも悪いときも、それぞれ共通点がある。まずはそれを探す

互いのエネルギーをゆがませない言葉

わたしのケースで言えば、

・説明書（マニュアル）をまったく読まない
・今日やろうと決めたことを実行できない、計画性がなく場当たり主義
・売られたケンカは買う、嫌味を受け流せず反撃する
・知らないことを得意げに言われると腹が立って会話をやめる

・アドバイスや忠告は聞いたふり、頭に入れることがない
・起きる時間がバラバラ、ご飯も食べたり食べなかったり（フリー3年目まで）
・朝帰りはしょっちゅう、酒を飲めないくせに無理につき合っていい顔をする
・自分と違う思想や思考の持ち主に対しては人間性、存在価値まで否定する

これが昔のわたし。最悪（笑）
もっと色々ありますが、情けないのでここまでにします。
いまはこういうことをすべてやめ、そのせいか調子が悪くなることがほぼなくなりました。夜のつき合いは一切しません。おじさんの指導の賜物《たまもの》です。

そう言えば「嘘つけ！」と言うのも、かつてのわたしのくせでした。

そして必ず、おじさんに注意されました。


「それをやめろ。エネルギーが濁《にご》るぞ」

「濁る？　なんで？　あの話は作りごとだろ？　あれ嘘なんだぞ？」

「それでもやめろ」

「だからなんで？　言わなきゃダメだろ？」
「作りごとだろうとなんだろうと会話はそのまま流せ。会話の中身をいちいち自分の中に溜めるんじゃない。言われたことは頭の外に流せ」
「流す？」
「おまえが嘘だと言えば、そこに執着が生まれる。執着するとエネルギーがゆがむ。ゆがむと調子が悪くなる。執着は強い欲望だぞ。覚えとけ」

いつしかわたしは、嘘つけではなく「マジで？」「ホントかよ」という言葉を口ぐせにするようになりました。すると、会話上のトラブルが消えました。

たぶん話をする側も、ホントか嘘かわからない状態で、とりあえずだれかに話そうとしてるだけ。そう。共有したいだけなんです。

だからそこで嘘だと決めつけるんじゃなく、ホントかよという白黒よくわからない表現をすることで、お互いのエネルギーがゆがまずに済みます。

会話の中身は自分の中に溜めず、頭の外に流す

寄付は現世のためであり来世のためでもある

先ほどお金とエネルギー循環について述べましたが、おじさんは【寄付をしろ】としょっちゅう口にします。ええ。しょっちゅう食らってます。

寄付――。昔に比べると、いまは気軽に寄付できる機会が増えました。

その背景にはインターネットの発展もあります。

わたしもその言葉に触発され、進学で苦労する学生の支援団体、子ども食堂、国際的な人道支援団体などに寄付しています。細々と。微力ながら。

「経済的に苦しい人間を助けるのは金持ちだけじゃないぞ。おまえら人間のだれもができる。それが寄付だ」

おじさんはそう口にします。

そいつの人生を丸ごと背負い込むなんてしなくていいし、そもそもできない。

その代わり、困っている部分を少しだけ助ければいいのだと。

わたしは高収入のおっさんでも資産家のおっさんでもありませんが、ちょっとした寄付ならできます。これを読んでいる皆さんも、すぐにできます。


「寄付だけじゃない。だれかを助けることで、おまえらの世界は発展する」

「お互いさまってことだね」

「人を助けると優越感が満たされるだろ？　それでいい。助けられたやつも嬉しいしだれも傷つかない。どんなやつだろうと助けを求めていいんだぞ」

「なあ、助けられた人間は助けてくれた相手に恩を返さなきゃいけないだろ？　それってどういうタイミングで返せばいいんだろうな？」

「本人に返さなくていい」

「え？」

「相手が困ってたら返せ。でも困ってないなら、別の困ってるやつを助けろ」

「それでいいのか？」

「自分が出したエネルギーはグルッと回って自分に返る。だれかを助けると、いつかだれかに助けられる。すべて循環する」

「循環か、なるほど……」


それとな、とおじさんが腕組みしました。

「この仕組みは、いまの人生で終わるわけじゃない」

「え？」

「次の世、つまり来世にまでつながってる。おまえら人間の本質であるエネルギーはずっとつながってるからな。今回の人生で完結するわけじゃない」

「マジか……」

「その事実をこの世界のすべての人間が知ればどうなると思う？」

「そりゃ態度っていうか、日々の行動が変わるよ」

「おまえらは少し意識を変えるだけで、もっと上のステージに行けるんだぞ」

「肝《きも》に銘《めい》じます」

「人間は輪廻転生する。数え切れないほど。人生は今回限りじゃない。良い人生を送った、自分は逃げ切ったと、ホッとしていても、おまえらが作った希望のない世界にやがて転生するのはおまえら自身だぞ」

「たしかに……。ホントそうだ！」

「これがおまえらの世界で言う因果応報《いんがおうほう》だ。すべて循環するんだよ」

だからこそ、生きているうちに次の人生（来世）のために寄付をしろ、自分の下の世代、若い世代、弱い立場の人間を助けろ――。おじさんはそう言います。

情けは人のためならず。

お金の使い方一つで来世の自分をも助けることができる。悪くない話です。

来世の話がなければ公共広告系のＣＭになりそうなんだけど（笑）

わたしの教訓

自分が出したエネルギーは自分に返る。その仕組みは来世につながっている

おじさんには損も失敗もない

お金と言えばフリーランスとして独立したばかりの頃。

会社員という身分が消えて定期的な収入（給与）がなくなったこともあり、毎月の支出を見直す作業を始めました。ムダを削除しようと思ったのです。

そこで引っかかったのが生命保険料です。

毎月3万円近くの支払い。それ以前はもう少し低かったけど、17年くらい保険料を払い続けて一度もお世話になったことなし。身体に不具合がないのは良いことかもしれませんが、正直バカバカしいと感じました。

「アホらしいわ」

取られっぱなしで損しまくり。まさに人の不安を煽《あお》るあこぎな商売だと声高に愚痴ると、それまで静かだったおじさんがこう言いました。

「おまえの金でだれかが助かったぞ」

「なんだ、それ。保険の代理店か？」

わたしが笑うと、おじさんはこう返しました。

「1年間で考えてみろ。おまえが毎年寄付してる額より高い支払いだろ。保険会社のやつらも、保険を受け取るやつらも、みんな助かる。社会貢献だ」

絶句しました。

保険の支払いが社会貢献だなんて1ミリも考えたことがありません。

買った商品が別の店でかなり安く売られていたことにムッとしたら、「おまえ多めに払ったのか？　社会貢献できたな」と言われます。

持ち株を損切り（損失を確定させる売却）したときは、「おまえの投資でだれかが儲《もう》かったぞ。幸せになったやつがいる。社会貢献したな」と言われます。

お金をかけて遠くまで交通機関を使って行ったのにがっかりする内容だったときは、「いい旅だったな。社会貢献したぞ」と言われます。

最初の頃は言われるたびに「ふざけるな！」と怒鳴りました。

この気持ちはたぶん、読者の多くも共有してもらえるはずです。

でも、おじさんは違います。

損したとか失敗したという感覚がありません。ゼロ。

いまもたまに議論しますが、どんな状況であれ世の中にお金を回すのが健全なことであり、だれにとっても良いのだという点は勉強になっています。

わたしの教訓

どんな支払いだろうと損失だろうと世の中にお金を回す社会貢献である

悩みは自分のエネルギーのねじれ

「おまえら人間が一番求めるもの、なんだかわかるか?」

一番求めるもの——。

以前、人間が一番好きなものはなにかという問答を投げられ、それは幸せな自分だと教えられた経緯があります(誕生日会のプレゼントの件で)。

今度は頭をフル回転させ、自分に置き換えました。

「――共感？」

「そうだ。おまえら人間は共感されたいから他人と交流するんだよ。人間が生きていくために必要な食事みたいなもんだな」

「食事か」

「感情に与える栄養で一番良質なもの。それが共感だ」

「よくわかるよ」

家族、友人、恋愛、結婚、趣味仲間、仕事――、人間がこだわり、人生の最後まで、なるだけ手放したくないもの。たしかに共感かもしれません。

無理に共感して欲しいとは思わない。でもやっぱり少しは共感してくれないかなと思いつつ、ときに反感を買うと居場所を失ったような焦りや悲しみに包まれます。

消えてなくなりたい、死にたいという気持ちが芽生えるのは、共感してくれる人がだれもいないと感じたとき。経験者だからわかります。

「だれにも共感されないときは、どうすればいい？」

「人間がこの世界にどれだけいると思ってるんだ？　共感するやつが一人もいないことはない。この世界はそういう仕組みじゃないぞ」


なお、このやりとりをしたのは1990年代。インターネットすら世間で一般化されていませんでしたが、いまはSNSがあります。便利な時代ですね。


「たまに悩み相談されることがあるんだけど、悩みに対するまっとうな答えじゃなくて、ただ共感して欲しい、寄り添って欲しいってことが多いんだよな」

「寄り添えばいい」

「ホントにそれでいいのか？　それって解決にならないんじゃない？」

「悩みは本人のものだろ？　そいつの悩みを自分のものにするほうがおかしいぞ」

「それは、つまり……、他人事《ひとごと》ってこと？」

「なあ。そういう言い方をするから、おまえはしくじるんだ」

「……はい」

「おまえら人間の悩みはねじれたエネルギーなんだよ。エネルギーはこの世界に降りるまでねじれていない。しかしこの世界で色んなエネルギーと交流すると、ねじれが生まれる。それが自分オリジナルのねじれ、つまり悩みだ」

「オリジナルのねじれか……」

「自分のエネルギーのねじれなんだから悩みは自分のものだぞ。だから悩みを解決できるのは自分だけなんだよ」

「なるほど」

「悩むプロセスはおまえらの人生で重要だ。時間もかかるし、そのプロセスで色々な壁に当たる。新しい悩みが生まれることもある。でもそれでいい。そいつが死を考え始めたとき以外、余計な手出しをするな」


これらはわたしが30代前半の頃のおじさんとのやりとりですが、それまでは悩みを相談されると相手のためにと全力で考え、全力で答えていました。するとと結構な割合で最後はケンカみたいな状況になる。嫌な空気になるんですよね。なんでそんなことを言うのかとキレられ、絶縁されたこともありました。

つまり、まっとうな回答が良い結果を生むとは限らないのです。

でも、おじさんとのこの会話以降、悩み相談をされたときは、ほぼ聞き役に徹するようにしました。どうしたらいいかなと相手が尋ねるときは、実はすでに自分の中にこうしたいという答えを持つケースが多いのです。

聞き役に徹することで、わたしのストレスも消えました。

めでたしめでたし（笑）

＼わたしの教訓／

相手の悩みを自分事にしない。相手に死の影がよぎるとき以外は手出ししない

昔の記憶がいまの感情につながっている

余談ですが、わたしは甘酒が飲めない人間でした。

そもそもお酒を飲めない下戸《げこ》ですが（父方の遺伝。母方は酒好き）、お酒を飲めなくても甘酒を飲める人は大勢います。でも、わたしには無理だった。

それが2015年のある日。突然、飲めるようになりました。

40年以上も飲めなかったのに。いまでは毎日飲んでいます。


きっかけは、ネット上のある記事を読んでいるときに甘酒が登場し、こんなもの飲むもんじゃねえというわたしのつぶやきにおじさんが反応したことでした。

「おまえはなぜ嫌いなんだ？」

普段、甘酒の話なんてしないので興味を持ったのでしょう。

わたしが黙っていると、おじさんは「なぜ嫌いなんだ？」としつこく尋ねます。

締め切りが迫る原稿を打ち始めても「なぜだ？」と繰り返します。

「知らん、あんなもん飲めるか！」

イラついて怒鳴っても無表情。ホラー映画のように繰り返し尋ねるおじさんに根《こん》負けしたわたしは、過去を振り返りました。

そもそも、俺はなぜ甘酒が嫌いなんだ——。

匂い？　味？

考えているうちに、突然、フラッシュバックが起きました。

小学生時代。団地のキッチン。

なにかを作る母。家中に充満する匂い。

体にいいから飲めと強引に勧める母。顔を真っ赤にした自分。飲むうちにトイレに駆け込み激しく嘔吐《おうと》。「なんね。甘酒も飲めんとね」と呆れる母。

帰宅した父に甘酒が飲めなかったと伝える母。聞こえてくる父の失笑。


タイピングする手が止まりました。

ひょっとして……。甘酒そのものが嫌いではなかった？

あの嫌な記憶が、あの場面が、甘酒と結びついていたのか？

でもその記憶は、いまのいままで気づいていなかった……。

さっそくわたしは近所のスーパーで甘酒を購入し、恐る恐る飲んでみました。最初は匂いが厳しいかなと思いましたが、不思議なことにゴクゴク飲めます。

おお、飲める、飲めるぞ！　感動です。おじさんはじっと眺めていました。

帰宅した妻に報告すると「ええっ」と驚きました。どうして飲めるのかと尋ねられましたが、さすがに理由は言えません（※まだおじさんのことを話してなかった）。

なお、アレルギーなんかもあるので、すべての人には勧めません。わたしに限って言えば、昔の記憶が嫌いという感情につながっていたということです。

ついでの話をすると、

「おまえはなぜ、あいつが嫌いなんだ？」

これもわたしが愚痴るたび、おじさんが口にします。

おじさん的には好意を持たせたいという話ではなく、なぜわたしが嫌いなのか理由を知りたいだけ。コーチなのか野次馬《やじうま》なのかよくわからん（笑）

人間関係で悩んでいる方、ちょっと試してみてください。

なぜその人物が嫌いなのか、時間があるときに自分を探ってみてください。

嫌いの源流がわかると、考え方や行動が変わります。わたしも何度かやったことがあります。やったからといって相手を好きになることはありませんが、なるほどね、そういう理由で俺は嫌いだったんだ、ということは、あいつも似たような理由で俺のことを嫌ってるのかもしれんなあ、と冷静に分析できます。

ただし。だれかに「なぜ嫌いなの？」と質問するときは、くれぐれも慎重に。

なぜだなぜだと尋ねまくると、かなり嫌われます（笑）

嫌いの源流がわかると自分の考え方や行動が変わる

「死ね」と「殺す」は絶対に口にするな

なぜなんだと問われる一方で【絶対にするな】と厳命されたこともあります。

「死ねと殺すは絶対に口にするな。絶対だぞ」

おじさんはなにを言うときも無表情で抑揚がなく感情を出しませんが、この台詞を口にするときは不思議と強調しているように見えます。

先述しましたが、わたしは口が悪い人間です。父譲りで下品です。

しかも、嘘が下手なので思ったことを直球で口に出します。だから数え切れないほどしくじりました。知らないところで恨みも買っているはずです。

いっぺん死んどけ。てめえ殺すぞ。これまで何度も口にしました。

もちろん親しい間柄との会話でしか発しませんし、周囲がドッと笑うような場面で口にしましたが、そのたびに、おじさんに叱られました。

「愚痴や文句は我慢しないで出せばいい。でも、だれかを愚痴ったら別の人間を褒めろ。エネルギーのバランスを取るんだぞ」

これもおじさんから教わりました。

この世界はすべてエネルギーのバランスで成り立っています。

愚痴った相手を褒めるのもありですが、文句を言ってるわけですから、同時に褒めるのは難しい。だから別の人間を、というわけです。つまりバランスを取れと。

自己啓発という出版ジャンルでは、愚痴るな、文句言うな、

そのままの相手を認めろ、ありのままの相手を愛せ、そう主張する作家が大勢います。

しかし人間はそのエネルギー構成上、どこかで感情を吐き出さないと不調を来《きた》すようにプログラミングされているそうです。不調、つまりストレスです。

いくら想像上で楽しいことや良いことを考えて気持ちを切り替えようとしたところで、腹の立つことはそう簡単に解決も解消もしません。だって人間だもの。

だから吐き出していい。でもバランスを取るためにプラスの要素、具体的には別のだれかを褒めることが手っ取り早い――、というわけです。

わたしの教訓

だれかについて愚痴ったら別の人間を褒める。エネルギーのバランスを取る

人生のすべての学習機会を奪う言葉

おじさんからこの仕組みを最初に教わったのは、新卒で入社した会社を早々に退社し、夜の世界（水商売）に足を踏み入れた頃でした。

どこへ行っても出る杭《くい》のわたしに敵意をむき出しにする人が出現し、わたしも相手に敵意を持ちました。

仕事は面白い半面、ストレスフルな日常。ドッと笑える流れじゃなく、かなり殺気立った状況で「あいつ死ねばいい」「ぶっ殺す」と、何度も口にしました。

もちろん相手には言いません（言う寸前までいきましたが）。一人のとき、あるいは仲良しのスタッフといるとき限定の感情です。

おじさんはわたしが口にするたびに、ダメだ、言うな、と警告しました。


「だれかを褒めたらいいんだろ？　そういうことだろ？」

キレ気味に言うと、おじさんが言いました。

「愚痴や文句はあとでバランスを取ればいい。だが、死ねと殺すはダメなんだ」

「なんでだよ」

「死ねと殺すは空間の状況をガラッと変える。ドス黒く、人生を奪う強烈なエネルギーを帯びているからだ」

「人生を奪う？」

「そいつが生きている間に経験するはずだったすべての出来事を相手から奪うってことだよ。そこで経験するはずだったすべての機会を奪うってことだ。良いことも悪いことも、すべての学習機会を奪う。そういうレベルのエネルギーが生まれるんだぞ」

「学習機会を——」

「その言葉を使った人間も同じドス黒いエネルギーを浴びる。だれも幸せにならない行為だぞ。身もふたもないエネルギーだよ」


絶句しました。

「冗談でも言うな。おまえのためなんだぞ」

人を呪わば穴二つという古語がありますが、まさにそれです。

「そいつを褒める言葉はそいつのエネルギーを高める。そいつを貶《おとし》める言葉はそいつのエネルギーを奪う。そいつのエネルギーを高めるとおまえも高まる。そいつのエネルギーを奪うとおまえも奪われる。エネルギーは往復する。常にゼロだ」

おじさんのこの言葉は、いまも心に刻《きざ》んでいます。
ＳＮＳの発展もあって社会で言葉が乱れ飛んでいますが、言葉のエネルギー、つまり【言霊《ことだま》】は心身に強く影響します。くれぐれも気をつけましょう。

わたしの教訓

死ねと殺すは相手と自分の人生を奪う強烈でドス黒いエネルギー

取り込んだ結果として生まれる怒り

怒りのおさめ方は人によって様々な方法があると思いますが、わたしがムッとするたびにおじさんに言われるのは、
「怒りと仲直りしろ」
この言葉、いまもたまに食らいます（笑）

仲直りは対人関係をイメージしますが、怒りは自分の中から湧《わ》き出る、それは穏やかな自分とは違う別の自分（人格）だから仲直りだと、おじさんは言います。

なぜ怒りが湧くのか？

「運と不運の話を前にしただろ？　あれと同じでそいつが様々なエネルギーを取り込んだ。取り込んだものの結果として怒りの感情が生まれる」

エネルギーとは、わたしたちが見聞きした情報や体験したこと。

それらが感情領域の全体を怒りへと変化させるか、笑いへと変化させるか、あるいはスルー（受け流し）させるか。

すべてはバランス攻防戦の結果次第です。

怒りをストレートに出す人は自分を防御する力（バリアを張る力）の強い人ですが、その半面、柔軟性が乏《とぼ》しくなります。まるで城のように堅牢《けんろう》です。

変な人物や情報への対処では力を発揮する、でも自分をアップデート（更新）する力が弱い。するとどうでもいいことまで他人や世の中のせいにし（逆《さか》恨み）、結果として怒りの感情がグルグル回る負のサイクルが生まれるのです。

昔のわたしがそうでした。

なにかにつけてムッとしたのは、自分が知らないことや無関係なことを周囲があたりまえのように会話しているときが多かったのです。

「自分が知らないことを言われて答えられないから、恥ずかしいんだろ？」

よくおじさんにそう言われました。

「知らないって言えば楽になるぞ。おまえは自分がわかってない」

ええ。まったくわかっていませんでした。なんでも知ってる瀬知というイメージをキープしないと負けだと思っていたので。そこが大間違いでした。

え、知らないの？　という、やや小バカにした台詞に、よくキレました。

いまは「いやー、まったく知らんよ」とか「なにそれ」と笑います。

よく考えると知らないことより、知ったかぶり（知ったふり）するほうが恥ずかしいことですよね。

わたしの教訓

知らないことは恥ずかしいことじゃない。素直に知らないと言えばいい

「怒る自分」と交わした約束

議論になったら負けたくないという人も多いと思います。

でも、議論の勝ち負けは重要じゃないんです。

重要なのは、そこでどんな意見が出て、その情報や考え方がなにか生産的なことに、創造的なことに、日常生活や未来を変えることにつながるのかどうか。

つながらないなら議論をやめる。これこそ時間のムダ。

おじさんはわたしが議論する場面で、それを何度も教えてくれました。

おじさんに言われて実践している方法があります。

わたしは聖人君子《せいじんくんし》じゃないし、慈愛《じあい》に満ちた人間でもないので、いまもムッとするし、カッとなることがありますが、そういうとき、

「なぜカッとなったのか？」

と、すぐに理由を探ります。

そして、

「自分はそれについて知ってるのか？　実はよく知らないんじゃないか？」

と、すぐに自分に問いかけます。

いったん落ち着こうぜ、怒り狂う前に――。そういうことです。

理由を知ると、なんだ、そんなことか、怒りをぶちまけるまでもないぞと、思わず笑っちゃうようなケースもあります。俺、なんにも知らないんだなあと。

なぜ嫌いなのかという件について先述しましたが、自分とは違う異質なエネルギー（思想、思考、価値観など）の持ち主に怒りの感情を持つのは、相手をよく知らないことが多いのでは？　経験上、そう感じます。

だから、わたしは【怒る自分】と約束を交わしました。

今後も多少は怒る。たぶん消えない。でも、そのときに【考える自分】も出してくれと。

怒る自分は封印しない。その代わり、考える自分も登場させてくれと。

約束の成果かどうかわかりませんが、怒る回数は着実に減ってます。

＼わたしの教訓／

キレる前になぜカッとなったのかを考える。理由がわかれば落ち着く

おまえはおまえの物語を楽しめばいい

減ってはいるのですが、それでもたまに怒ります。

しょせん凡人です。

そのときおじさんは、わたしに言います。

「逃げ道を作れ」

「逃げ道？」

おじさんは相手とわたしの間に立ち、わたしに向かって連呼します。

ムッとしているさなかに連呼するおじさんを見ると顔がほころびますけど（笑）

人間は追い詰められると簡単に壊れます。心が落ち、爆発します。

追い詰めた人間も、黒々とした汚いエネルギーに支配されます。

両者とも良いことなし。どちらも不幸です。


若い頃のわたしは、おじさんの「逃げ道」という言葉を無視しました。

そして言い合いになると、確実に言い負かそうと相手の矛盾を探してグサリと突きました。突くと気持ちいい。でも、なんか嫌な感じが残りました。

この嫌な感じこそ、おじさんが言う黒いエネルギーです。

どんな理由であれ、どんな相手であれ、絶対に追い詰めるな。そいつを追い詰めると、おまえもいつか追い詰められる。

おまえのエネルギーが汚れるんだぞ――。

おじさんは言い続けました。

「逃げ道を作れ。あいつのためじゃない、おまえのためだ」

この言葉の重み。いまはよくわかります。

だって、恨まれることもなくなりますから。

ただですね。

議論とか逃げ道とか以前に、コミュニケーションが成立しない人もいます。こちらがどれだけ丁寧に話しても、まるで異世界に存在するかのような人です。


つき合いたくないんだけれど、つき合わざるを得ない人。

面倒臭いけれど、なにかを伝えたり、世話をしたりせざるを得ない人。

これまでの人生で出会った人の中には、こいつホントに同じ人間なのかと首をかしげる人が多数いましたが、わたしが悩むたび、おじさんは言いました。


「この世界はすべて物語だぞ。おまえはおまえの物語を楽しめばいい」

イライラする状況も含めて、全部、おまえの物語なんだからと。

むしろ望み通りにいかないことを楽しんでみろ、自分を上から見てみろと。

「なかなか貴重な経験だろ。そう思わないか？」
おじさんにそう言われても最初は納得できず、ただ呆然としました。

それが腑に落ちたのは、最後に勤務した出版社で役員になったときでした。想定外のことが次々と発生し、ブチ切れることが急増。そんなときに、おじさんが言う【すべて物語】という言葉に、何度も助けられました。

目前にしている怒り狂うほどの状況、あるいはどうしていいかわからない事態も、自分が作っている物語の一部だと思うと、じきに落ち着くんだなと。

自然とそう思えるのです。物語のエピソードには必ず終わりがあります。

いまも器の小さな人間だと自覚していますが、たまにおじさんから、
「おまえイライラが減ったな」
と言われます。褒められてるのか？（笑）
減っているとしたら、わたしが自分の物語を楽しめている結果ですね。

どんな理由でもどんな相手でも絶対に追い詰めない。逃げ道を作ること

幽霊より人間のほうが怖い

なお、先ほど「同じ人間なのかと首をかしげる」と書きましたが、わたしがたまにそう愚痴ると、おじさんが必ず口にする言葉があります。

「おまえら人間は複雑なんだよ。おまえら自身がそれを理解してないぞ」

複雑。漢字で書くと2文字、ひらがなだと4文字。

ですが、この言葉にはあまりにも多様な意味が放り込まれています。

複雑を川にたとえると、川をのぞきこんだときに水底からなにかがこちらをのぞいているような不気味さがあるのです（ニーチェか）。

「人間の複雑さを舐《な》めるな」

「エネルギーが統一されてない。だからおまえらの世界は複雑なんだよ」

「人間を簡単に理解できると思うな」


チョコチョコと歩きながら、わたしに説教しまくるこびと。

わかります。

人間というのは理解しがたい得体の知れない存在だという事実はよくわかっております。

嫌な思いも、すさまじい経験もしてきました。

だから人間を舐めてはいません。

舐めてはいませんが、親友が突然豹変《ひょうへん》してわたしを全面攻撃し始めたり、口の堅い同僚に絶対内緒と話した情報が半日で大勢に漏れたり、酒席で日本最大手の広告代理店の部長から計13発のビンタを食らったり（理由も謝罪もなし）という理不尽すぎるエピソードにこと欠かないわたしにとって、人間の複雑さは怖いのです。

信用。信頼。そんな言葉が薄っぺらに感じるときもあります。

豹変した親友になぜ俺を攻撃するんだと尋ねると「とくに理由はないけどムカつくか

ら」と答えたので、わたしは全力で反撃。結果、絶縁しました。

この親友（いや元親友）が自分のやったことはすべて伏《ふ》せて、瀬知にこんなひどい目に遭《あ》ったと嘘を広めた結果、わたしは多くの友人を失いました。

ジキルとハイド——。

あの名作の世界観をリアル体験しました。

幽霊が怖いなんて言いますが、一番怖いのは人間です（幽霊も怖い）。

「人間の複雑さは、いわゆる多様性なのかな？」

「多様性は生物が持つ個性だ。おまえらは一人の中に複数の人格がある。場面ごとに人格を使い分けて生きてる。それを多様性と呼んでもいいんじゃないか？」

わたしの教訓

エネルギーが統一されていないから世界も人間も複雑

違うと感じたらすぐに離れること

人格と多様性の話で思い出しました。

出版社にいたとき、知人の紹介で会って大いに盛り上がった作家に、後日、なぜか罵倒《ばとう》されて電話をガチャ切りされたことがあります。

盛り上がった場で「企画をぜひとも」と依頼したところ「オッケーです。企画書をください」と言われ、舞い上がったわたし。で、そろそろ企画書が届いたなという頃に連絡したところ「面白いとは思うんだけど」と渋る作家。ん？　なんか様子が変だなと思いながらテーマの説明を始めると、突然、作家がブチ切れました。

人気が出始めたビジネス作家でしたが「なんでおたくみたいに小さいところから出さなきゃいけないの？　大手の版元からたくさん依頼が来てるのに。出すメリットは？　ないでしょ？　あるんですか！」

受話器を持ったまま、なにも答えられませんでした。

「俺がポンコツなんだろうか」

へこみ気味のわたしに、おじさんが言いました。

「見ている世界が違うから交わらない。ただそれだけのことだよ。おまえの能力も、会社の大きさも、そいつの性格も、関係ない」

見ている世界――。

「人間はみんな同じ世界に住んでると思ってるだろ？　違う。見ている世界がまったく違う。空間の話じゃないぞ。エネルギーの話だ。そいつが見ている世界がそいつの意識を置いている世界だ。そこがそいつのエネルギーの居場所なんだよ。エネルギーの種類が違うと交わらないぞ」

エネルギーの種類が違うと交わらない――。
おじさんに言われて、頭に浮かんだもの。
それは、
【ご縁はエネルギーの種類】
そんな言葉でした。

自分が選ばれなかったのは魅力がなかったからではなく、自分と相手が持つエネルギーの種類が違うから。その事実にまったく気づかず、わたしたちはご縁があるとかないとか、まるで偶然の産物《さんぶつ》のごとく勝手に呼んでいる——。

胸中、ストンと落ちました。

ホントにストン。肚《はら》落ちです。


「違うエネルギーが無理に交わろうとするとトラブルになる。自分が好意を寄せても相手とエネルギーが違えばダメだ。最後はつぶし合いになるぞ」

いつもの無表情で説明するおじさん。

「違うと感じたら無理に合わせるな。すぐに離れろ。そいつとはエネルギーのつながりがない。おまえとエネルギーが合うやつはこの世界にたくさんいる」


恋愛や結婚もすべて同じ仕組みだぞ——。

おじさんはそう語ります。思い当たるふし、ありませんか？

わたしの教訓

ご縁はエネルギーの種類。人間は持っているエネルギーが違うと交わらない

多様性を舐めるなが口ぐせになった

人格つながりで、もう一つ。

フリーランスになった後、某有名作家と仕事をしたときのこと。

協力ライターであるわたしへの扱いがあまりにもぞんざいだったので、それとなく指摘すると、じゃあもういいと、いきなりクビになりました。

後日、知った話ですが、わたしの後を継いだ女性ライターには、それはもう異様なまでの優しさと執着だったそうで。担当編集から聞き、大笑いしました。

仕事だし、もうちょっと我慢すればよかったかなあ、と悩みましたが、自分を雑に扱う人間と一緒にいると人生の残り時間がムダ――。

そう思ったのです。いくら有名な作家でも、人としておかしいだろうと。

おじさんにも話したら「だからあいつと仕事をするなと言っただろ」と、打ち合わせの段階で反対していたことを蒸《む》し返された（笑）

あいつ下心《したごころ》丸出しだよな、自分の著書で主張してることと全然違うじゃないかと、パソコンの前で散々皮肉を言っていると、おじさんが言いました。

「一面ですべてを知った気になるな。そいつが変わったように見えるだけで、おまえがその顔を知らなかっただけだ。前に言っただろ、おまえら人間には複数の人格がある、それが人間の多様性なんだと」

一面ですべてを知った気になるな――。

そう言われたとき、頭には他の面が見えないサイコロが浮かびました。

憤慨《ふんがい》はしましたが、そこで見せた顔も彼自身だったのです。

おかげさまで、いまでは「多様性を舐めるな」が口ぐせになったわたし（笑）

「善と悪のどちらかで片づけるな。おまえら人間は善にも悪にもなる。人間は一瞬で人格が変わる。それがおまえらの複雑さだ。だから一方的に見るな」
おじさんのこの言葉。わたしの人生訓です。

わたしの教訓

だれもが一瞬で善にも悪にもなる。一面で相手を知った気にならないこと

この世は檻のない動物園

人間には複数の顔がある。多面的である。だから複雑で、相互理解が難しい。
なぜか？　人間の本質であるエネルギーが未熟だから。統一されていないから。
じゃあ、どうすればいいのか？

「そういうもんだと受け入れろ。おまえらの世界は複雑だからしかたない」

受け入れろ――。

これ。節目節目で、ことごとく言われました。

30代。会社勤務だったときも独立起業したときもそこでしくじって転職してさらに出版業界に戻ったときも。40代。なぜか役員となってしまい苦悩したときも退職してフリーランスとなってゼロからの再出発で走り回ったときも。

おじさんは「この世界は複雑だ。受け入れろ」と口にしました。

「おまえらの世界は残酷だ。なぜだかわかるか？　おまえら人間が同一じゃないからだ。そもそも人間の本体であるエネルギーに個性がある。おまえらのエネルギーは多様性があるんだよ。檻《おり》のない動物園みたいなもんだな」

「檻のない動物園……」

「どれほど矛盾しようと、愕然《がくぜん》としようと、ショックなことが起きようと、目の前の現実を受け入れるしかない。それがこの世界だ」

わたしは昔からトラブルになった相手を「受け入れる」ことについて、ちょっと考え込んでしまう人間です。意外と繊細です。軽く流すことができません。

受け入れる。

タイピングだと、1秒か2秒で打てる言葉。

では生身の人間に対してどうかと考えると、数年、いや、数十年かかってもできないことがあります。縁切りしてもすぐに忘れることが難しいでしょう。

よく「許す（赦《ゆる》す）」というテーマで書かれた本がありますが、受け入れるというのはそれと同種のテーマです。

相手を、その行為を許しなさい。互いにわかり合いなさい。

作家や識者はそう主張しますが、これほど難しいことはありません。


わたしが最も受け入れがたいのは理不尽さであり、不誠実さです。

嘘をつく人間はまだかわいい。だれも傷つけない嘘ならそれは物語として興味深いし、だれかを攻撃せずに笑える嘘なら大勢が笑顔になれます。嘘も方便《ほうべん》です。

でも理不尽な目に遭うと、不誠実な態度を取られると、受け入れるのが難しい。

ザワつきが時間と比例して巨大化します。

そう言うと、おじさんにこう言われました。

「おまえだって、なんであんなやつがこの世に存在するんだって思われてるぞ。どんなやつだろうと自分のことは見えないもんだよ」

うっ……。ガツンときました。

弁解の余地なし。口が悪いし、思ってることをそのまま言うし。

自分が知らないだけで、わたしもどこかのだれかにとってムカつく嫌なやつなのでしょう。そう考えると、人間の複雑さも残酷さも納得できます。

わたしの教訓

どれだけショックなことだろうと目の前の現実を受け入れる

未来はエネルギー次第で変わる

いわゆる【イメージを実現するコツ】も、おじさんに教わりました。

それは出版社時代にある人物（池田整治さん）に作家デビューしませんか、と持ちかけたときのこと。

特別職国家公務員の現役幹部（陸上自衛隊一佐）という立場の池田さんに世界支配の闇について書かないかと、これまた無謀な提案です。

面談の場で、池田さんはうーんと考え込みました。

そして「まだこの立場ですから」と自らの制服を指差し、ははは と笑います。

わたしも「ですよね」と一緒に笑い、その日は帰社しました。

紹介してくれた方からは「さすがにいまは無理でしょ」と言われました。

わたしだってそう思いました。俺はメチャクチャだなと（笑）

数年後に控える退官を待って欲しい――。

出版オーケーだとしてもこの返事だろうなと。なんせテーマがテーマです。

しかし。おじさんは違いました。

「あいつはおまえの依頼を受ける。原稿もすぐ準備する。でもおまえが無理だと思えば受けない。おまえのエネルギーで未来が変わる」

エネルギーで未来が変わる——。

「引き受けて欲しいなら、あいつが仕事を受けた状況を想像しろ。毎日何度もイメージしろ。ずっとイメージしろ。どうせ無理だと思うな」

「さすがに今回はちょっと……、いや、ちょっとじゃない。間違いなく無理だろ」

そう言うわたしを無視して、おじさんは続けました。

「イメージするのか、しないのか。どうするんだ？」

無表情のこびとって、恐ろしく説得力があります。

決めた。イメージする。おじさんにそう答えたわたしはそこから毎日、池田さんが企画を受け、デビュー本が出版されるイメージを想像しまくりました。


【池田さんは企画を受ける。ありがとう。心から感謝。重版しました】

日々念仏《ねんぶつ》のように唱《とな》えるおっさん。社内でもブツブツ言ってました。

原稿ができあがる。編集して入稿する。ゲラを出す。著者と校正者と自分で修正する。

再校を出す。役員や営業部とミーティングして社内に企画を周知させる。発売までのスケジュールを出す。〇〇先生にＰＲをお願いする。

かなり具体的にイメージしました。毎日、朝から晩まで。ずっと。

その結果――。

なんとオーケーの連絡。すぐ執筆にかかり、しかも実名で出すと。

立場上、かなりのバッシングが予測できるのに。感動しました。

そして発売後、重版に次ぐ重版。すごい売れ行きでした。

著者の立場（地位）とテーマのギャップが大きく、世間に衝撃を与えました。

出版後、食事の席でなぜ受けてくれたのかと池田さんに尋ねました。

「なにかね、グッと押されたんですよ。見えない力に」

イメージの重要性については、世の多くの専門家が自己啓発書やビジネス書で持論を展開しますが、専門家ではないわたしの経験則を書いておきます。

・なるだけ具体的な場面、緻密《ちみつ》な場面を思い描く
・その想像（イメージ）は少し先の未来からやって来ると信じる
・そのときにイメージが実現しなくてもイメージの力自体を疑わない

わたしはこの3点を重視します。
なんて偉そうに書いてますが、すべておじさんの受け売り（笑）

＼わたしの教訓／

イメージの実現にはイメージの力を疑わないことが大切

自分にどうにもできないことに怯えるな

と──。

ここまでこんなふうに書くと、おじさんってなんでも教えてくれる実に便利な存在であるかのように感じる人が多いかもしれません。

まったく違います。

ヤフー知恵袋やグーグル先生や林修さんや池上彰さんじゃないからね。

わたしがいまここに書いているのは、あくまでもおじさんが答えてくれた話。

実は、尋ねても答えてくれないことのほうが多いのです。

親ガチャという言葉が世間に広まり始めた頃、こんな質問をしました。

「精神世界の専門家の中には、人間は親を選んで生まれているって主張する人がわりといるんだけど、それホントなのかな？」

おじさんの回答はこれ。

「知ってどうする？」

ああ、始まるのかと、腕組みしたおじさんを見て思いました。

「どうするって……、まあ、知りたいからさ」

「知っておまえの人生が変わるのか？」

「え？」

「人生が変わるのか？」

「いや、変わりはしないな。ただ知りたいってだけ」

「知ってそいつの人生が劇的に良くなるなら教える。でもおまえらはそうじゃない。いまうまくいってないと感じてるから、どこかにその責任を探そうとしてるんじゃないのか？」

「待て。俺はどっちでもいいんだってば」

「親を選んで生まれた。うまくいってないやつはそれを聞いてさらにがっかりする。親を選んで生まれていない。うまくいってないやつはやっぱりがっかりする。どちらを聞いてもがっかりするだけだろ？　いい気分になるか？」

「……たしかに」

「おまえら人間は体を親から受け継ぐ。多くが遺伝する。でも心は自分が作る。人生も自分で作る。独立したエネルギー体としてこの世界に生まれたんだよ」

「独立したエネルギー体……」

「考えてもしかたのないことは考えるな。楽しくなることを考えろ」

大地震が来るとか、世界規模の戦争が起きるとか、日本が消えるとか、人類が滅びるとか、物騒な話をすると、おじさんは決まってこう答えます。

「おまえにどうにかできるのか？」

「え？」

「自分でどうにもできないことに怯えるな。つまらんことに気を取られるなよ」

「つ、……つまらんこと？　人類が滅びるかもしれないのに？」

「どうしようもないだろ？　そのときは覚悟しろ。この世界はそこまでってことだ」

「……」

「おまえが言う未来は起きたのか？　起きてないだろ？」

「あ……、はい」

「起きてない未来でイライラするな。そんなものに関心を向けると病気になるぞ」

わたしの教訓

考えてもしかたのないことは考えない。起きてない未来でイライラしない

長年悩まされた偏頭痛が突然消えた

答えない一方で、いきなり言葉を投げつけてくることもあります。

「今日も楽しかったか？」

寝入りばなで、うとうとしているところにこれ。

その日、わたしはあることで超イラついており、気分は最悪でした。

楽しい状況じゃありませんからカンムシ（完全無視）です。

すると翌日も、翌々日も、おじさんは枕元に歩いてきて「今日も楽しかったか？」とか「楽しい一日だったか？」と尋ねます。何度も。かなりウザい。

黙っていたわたしがキレかけて「ああ、楽しかったよ！」とぶっきらぼうに答えると、おじさんはスーッと消えました。

なるほど——。ピンときました。

それからは寝るときにおじさんが現れたら「今日も楽しかったぜ」と先に言うようになりました。するとおじさんはすぐに消えます。

面倒なやりとりをしないで済む法則、発見（笑）

この法則をつかんでから「今日も楽しかった」という言葉が習慣化し、おじさんが登場してもしなくても、毎晩、寝床で口にするようになりました。

不思議なのは、とくに楽しいことがなくても「今日も楽しかった」と口に出すと、何事もなく平穏無事《へいおんぶじ》に一日を終えたし、まあ、これはこれで楽しかったかもしれないな、と思えてしまうこと。

自己暗示の一種ですが、そう思うことでモヤモヤが気にならなくなるのです。

ただですね。

本当に不思議なことは、それ以降に待っていました。

その口ぐせを始めてからしばらくすると慢性的な体調不良が消えました。

わたしは幼少期からすぐ風邪を引き、年中、どこか具合の悪い人でした。

インフルエンザに罹患《りかん》すると40度を超えて厄介《やっかい》でしたが、それがなくなりました。

2024年5月に38度を超える発熱がありましたが（実家への帰省疲れ？）、それ以外は一度もなし。

急に左腕が上がらなくなって（たぶん五十肩）痛い思いをしたんですが、これもいつの間にか消えました（病院には行かず）。

徐々に体が硬くなっていく年齢ですが、なぜか柔らかくなっています。腕立てとか腹筋とかスクワットは世代平均の上を行きます（個人の感想です）。


なによりも歩くのが苦手でしたが長距離を歩いても疲れなくなりました。

疲れなくなると余裕が生まれ、周囲を歩く人との距離感を冷静に見ることができます。

会社員時代は路上で中高年のおっさん同士よくぶつかり、にらみ合いをしましたが、いまではどんな人が前から来てもひょいひょいよけます。

よける＝俺の柔軟性＝自己満足度アップ。

とくに都心部の繁華街。そこら中に人がいますが、あれをスルスルとよけることで我が柔軟性を体感できます。よけられるってことは心身が健康なのです。

そして最も驚いたのは、小学生から悩まされてきた偏頭痛《へんずつう》が消えたことです。

これはマジで驚きました。頭が割れるような激しい痛み。何度も何度もやって来る吐き気。毎月恒例の地獄が嘘みたいに消えました。


この話を仲良しの特殊能力者にしたところ、その人もまったく同じお唱えを就寝前にしていたことがわかり、都内のカフェで盛り上がりました。

その人は、今日も楽しかった、ありがとね、と口にするそうです。

おじさんに尋ねたことがあります。

この言葉にはそういうパワーがあるのかと。

「どんなパワーをもたらすかは人それぞれだ。おまえは健康に作用したんだな」

【今日も楽しかった】

だまされたと思ってやってみませんか？

＼わたしの教訓／

今日も楽しかったは心身をリセットする魔法の言葉

第四章

おじさんが語るちょっと深い話

周囲に運がいい人が増殖中

ここまで読んでくれたあなたへ。心から感謝申し上げます。

最終章となるこの章では、わたしが交わしたおじさんとの対話の中でも「ちょっと深い話」について、ピックアップしてみます。

これまでの章とは毛色が違います。

深すぎるかもしれませんが、そこは事前にご理解ください。

その前に、おじさんからの数々のアドバイスを受け入れて以降、わたしがどう変化したのかをコンパクトにまとめておきます（※あくまでも自己分析です）。

1　やたらと感謝される

会社員時代はまったくと言っていいほどありませんでしたが、フリーランスになって以降、不思議なほど感謝されるようになりました。話をしっかり聴くようになったから？

仕事を意識すると頭に利害が浮かび、話をする機会や時間を選んでしまいがちですが、そういう余計な意識が消えたこともあります。

感謝されるので、わたしも相手に感謝します。直接言えないときは心で伝えます。気持ちはエネルギーの塊。一瞬で相手に届きます。

2　周囲の顔ぶれがガラッと変わる

どんなに嫌なことを言われても、ムカつく態度を取られても、引きずらなくなりました。そういう相手が勝手に離れていくんですから。これはこれで快適（笑）
意識エネルギーのステージが変化した結果でしょう。意識のステージを変えると、周囲の顔ぶれがガラッと変わります。経験ある方もいらっしゃるのでは？

3　お金を使うと数倍になって戻る

お金は溜め込むなというおじさんのアドバイスに従っているだけです。
会社員時代はなるだけお金を使わない生活をしていましたが、そのせいかまったくと

言っていいほどマネーさんたちとの出会いがありませんでした（苦笑）

わたしが日々実践しているのは「お金に困るイメージの消滅」です。

おじさんからイメージのパワーについて教わったので、お金を使えば使うほどお金が訪ねてくる、お金に困らない、そんなイメージを脳に植えつけています。

もう一つの実践法。それは「お金に意識を向けない」こと。

お金に困らないイメージを植えつける一方、たとえ手元のお金が少なくなっても、お金、お金と思わない、心配しない——、そういうことです。

お金に困らないイメージ、お金に意識を向けないイメージ。

矛盾するように思えますが、この二つ、ちゃんと共存できます。

そのための方法は、ちょっと先の未来をイメージすること。

自分が笑っているイメージ——、だれか（特定する）と楽しそう、良い意味で日々が忙しそう、そんなイメージを脳に植えつけるのです。効果的ですよ。

4　やたらと運がいい

自分で言うのもなんですが、わたしはかなり運がいい人間です。

取り込んでるエネルギーがいいのか？（笑）

フリーランス以降も「瀬知さんって運がいいよね」とよく言われます。「実力もないくせにってか？」と笑いながら言い返しますが、プライベートでも仕事でも不思議なほど運がいいのです。ツイてるなと感じることは挙げるときりがありません。嫌なことに巻き込まれても、おかげでもっと大きな問題を解決できます。

ちょっと不思議な話をします。たとえばあの会社と取引がしたいと思っていると、早ければ3カ月、遅くとも1年以内にそこから連絡が来ます（思わないと来ません）。

こちらからの営業はゼロ。マジ話です。エネルギー強め？（笑）

間違いなく、わたしは周囲の人に守られています。もちろん守護霊チームにも。

なぜ守られているかと言えば、わたし自身のエネルギーの「通り」が劇的に良くなったから。良くなったのは、おじさんのアドバイスを守っているからです。

同時に、わたし自身も周囲の人を守っています。

これ、お互いさまのエネルギー循環ですね。

わたしの周囲には運がいい（ツキのある）人が増殖中です。

偉そうに書いてますが、わたしがおじさんのアドバイスを明確に実行できるようになったのは45歳で会社員を卒業してから。会社員時代は色々なアドバイスを聞いても実行できないことのほうが多かった。

そこは覚えの悪い生徒ってことで（笑）

さて。ここからはおじさんとの「ディープな対話」を紹介します。

キーワードはこんな感じです。

あの世、死後世界、異次元、別次元、異世界、輪廻転生、幽霊、憑依、地獄、地球外知的生命体、創造主、予言者、時間線・世界線、パラレルワールド――。

皆さんがお持ちの知識や情報とはまったく違うエッセンスがあるかと思いますが、ここではわたしがおじさんから教わった情報をお伝えします。

あの世は人間のイメージとはまったく違う

まずは「あの世」について。死後の世界とか異次元とか別次元とか異世界など、様々に表現される世界（ステージ）であり、あの世は人間にとって未知の領域です。

先述したように、若い頃はいくらこの手の質問をしてもおじさんは答えてくれませんでした。でも40歳を迎えた頃から、こちらが尋ねてもいないのにやたらと教えてくれるようになりました。あの世に近づいているのか？（笑）

出版社で書籍編集の仕事をしながら、多くの作家の思想や思考に触れていたわたしはある日、おじさんに尋ねました。彼らが書いていることは本当なのか、間違っているのか。事実――、いや、真実を知りたかったのです。

「人間は死んだらどこに行くのか？　死後の世界は本当にあるのか？」

精神世界とかスピリチュアル分野の専門家だけでなく、世界中の宗教も死後世界については違った内容を主張します。

それもあって、わたしはどの主張についても胡散臭《うさんくさ》く感じていました。

宗教やスピリチュアル作家の主張の中には、そう語ることで大きなビジネスにつながることが明白だと思われるものも多く、余計に信じられなかったのです。

教祖自身や作家自身を神格化するような内容も多く、正直、気持ちが悪い。

わたしはどの宗教にも帰依《きえ》していません。でも無神論者ではありません。

あの世も神様と呼ばれる存在も信じているし、なによりもおじさんが見えています。

つまりおじさんの語ることなら納得できると思ったのです。


「最初に言っておくが俺に話せることには限界がある。でもおまえはあっちの世界を信じている。だからできるだけ話す。記録として残すのも構わない。ただその前に、死んだらどこに行くのかじゃなく『どこに戻るのか』というイメージに変えろ」

どこに、戻る――


「あっちの世界はおまえら人間のイメージとはまったく違う。しかもどこか遠くに存在するんじゃない。おまえらの世界のすぐ近く、おまえのすぐそばだ」

そう言われ、思わず顔の近くを手で払いました。

当時のわたしは、あの世が宇宙空間のどこかに存在すると考えていました。

そこは膨大な数のサーバーが並ぶ巨大なデータセンターのような空間で、そこから人間が魂と呼ぶエネルギーが出入りし、この世とあの世を往復する……。

わたしの輪廻転生に対するイメージはそんな感じだったのです。

「遠い宇宙にあるわけじゃないが、輪廻のイメージは合ってるぞ」

わたしとおじさんの対話はここから始まりました。

意識レベルが上がれば時間が消える

おじさんいわく、あっちの世界はお花畑が広がるようなファンタジックな風景でもなんでもないとのこと。それは一部の人間による勝手な妄想だと。

「どんな風景かと考えるからおかしくなる。想像してみろ。向こうに戻れば肉体もなにもないぞ。こっちの世界のような物質世界じゃないんだぞ。おまえら人間はあっちの世界ではエネルギーだ。それが本当の姿なんだよ」

あっちの世界の風景をこっちの世界の現実や常識に当てはめ、あれこれ考えること自体、すでに破綻《はたん》している――。おじさんはそう語ります。

いまもこの質問をすると、そう焦るな、戻ればわかると言われます。

そのとき、おじさんはこう続けました。

「あの世の説明でわざわざ理解困難な表現を使うやつがいる。あるいは妙に人間的で情緒にあふれた表現を使うやつもいる。どちらも信じるな」

「おまえは次元がわかるか？　二次元とか三次元の次元」

「わかるよ。尺度というか広がりというか、あー、空間を構成する軸だろ？」

「そういう表現も悪くないが、次元は【箱の自由度】とイメージしろ」

「箱の自由度？」

それまで聞いたことがない表現がおじさんの口から出ました。

「生物が存在する空間が箱。その箱がどこまで許容《きょよう》できるかが自由度だ。おまえらのいる三次元という箱は高さと幅と奥行きで構成される。そこには時間という縛《しば》りがある。時間は人間の自由度を縛る象徴だ。おまえらの世界は時間からの解放がなされていないから自由度が低いままなんだよ。いつも時間を気にして時間の影響を受ける。それが人間の一生だ。おまえもしょっちゅう時間を気にする」

「じゃあ時間から解放されたら、どうなる？」

「低レベルの世界から解放される。高レベルの時間のない世界に行けるぞ」

時間のない世界——

時間が止まった世界なら、昔から漫画やアニメや小説や映画にあります。

でも時間のない世界はイメージしにくい。昼も夜もない？　年を取らない？

好きなことをやるとか、なにかに夢中になると、あっという間に時間が経ちます。数時間も経ったなんて思えないほど短い感覚だったりします。

ひょっとしてあれが時間のない世界にいたことになるのか？

そう尋ねると、おじさんは「それでいい」と答えました。

「人間が時間のない世界を体感するにはそれしかない。あっちの世界には時間なんてものはない。人間が死ぬと戻る世界はこの世界よりもずっと高い次元にある世界だ。肉体も時間も感情も一切必要ないぞ」

そもそも時間は存在しない。

人間が勝手に作った産物。時間の縛りを消すことができれば、おまえら人間は解放される――。これがおじさんの口ぐせです。

おじさんいわく、時間は人間の産物だけれど、いまわたしたちがいる世界のレベルだと、時間が存在しなければ文明が混乱して滅びてしまう。

つまり成長の途上という意味で、まだ人間には時

間が必要なのだろうと。

「その、……時間の縛りを消すことって可能なのかな？」

感じていることを、そのままおじさんにぶつけました。

「勝手に消えてくれるわけじゃないぞ。おまえらの世界の意識レベルがこれからどんどん上がれば時間が消える。そのときは俺たちも消える」

肉体を取り戻したいと思っている存在

ちょっと肉体の話をしようかと、おじさんが言いました。

「人間の体は脳も細胞も臓器も常に振動している。互いに振動し合ってリズムを生み出している。生まれてから死ぬまでずっとだ。振動することでおまえらは生きていられる。その振動の具合がなんらかの理由で早くなると体が見えなくなることがある。そこにいるのに見えなくなる。これが肉体の周波数の上昇だ」

透明人間――、そんな言葉が浮かびました。

「ヨガの行者を含めて世界の修行者たちは、そこを求めたんだよ。細胞の振動数を上げて高い次元世界に行こうとした。簡単にできるわけじゃない。できるやつは人類の歴史でも少数だ。そして見えなくなってもそこにいる。そこといっても三次元の世界じゃないけどな。もっと高いエネルギーで作られる世界にいる」

「高いエネルギー世界……」

「おまえら人間の体の周囲には複数のエネルギー体がある。全員にある。自分の意識エネルギーは体内にあると思ってるだろ？　体の周囲にあるエネルギー体も自分なんだよ。そのエネルギー体に意識を移動できれば高い次元の世界に行ける」


それを聞いてハッとしました。

「……まさか幽霊って、そういう世界の連中なのか？」

幽霊？　そう聞き返すとおじさんが腕組みしました。

「おまえゴチャゴチャになってるぞ。人間が見えたとか騒ぐ幽霊は高次元のエネルギー体じゃない。逆だ。低次元のエネルギー体だよ」

「低次元？」

「おまえらの三次元世界に近い次元の世界だ。とっくに肉体を失っているのに元いた世界に戻れない連中がさ迷う世界だよ。自分が死んだことを理解できないやつ、元いた世界に戻れば気持ちいいのにその事実を忘れているやつ、いつまでも三次元の世界に執着するやつ。そういうやつらが幽霊と呼ばれる存在だ。おまえらは異様に怖がるが、どれもぼーっとした連中だぞ」

そう言い放つおじさんは、やはり幽霊とは違うみたいです（笑）

「幽霊が見えるのは脳波が合ってしまったやつか、そういう能力を持つやつだ」

「脳波が合う？」

「脳細胞も振動している。その振動リズムが合うと見える。見えないほうがいいぞ」

「なんで？」

「高次元世界に行けない連中は肉体を取り戻したいと思っているからだ。おまえらがよく言う憑依だ。人間だった頃の感覚を味わいたいんだよ。チャンスを狙ってる」

聞いてゾッとしたと同時に、なんだか悲しくなりました。

真っ暗な空間に閉じ込められて、どうにもできない苦痛。とっくに死んでいるのに真っ当に死んではおらず、もちろん生きてもいない。

どこにも居場所がない――。

だれにもわかってもらえない叫びが聞こえそうでした。

「霊体を祓う行為はやつらを上の次元へと戻す作業だ。でもすべてが戻れるわけじゃない。残念だが、大半は残る。そしてずっと、さ迷う」

「そうなのか？」

「祓う能力にも高いものと低いものがある。祓う対象もレベルが違う。お経や祝詞《のりと》を唱えたらすべて祓えると思ったら大間違いだぞ。世界中の多くの能力者を見てきたが難しい。祓う側のやつが勝手に祓ったと思い込むケースも多いんだよ。本当に祓える能力を持つやつが一人でも必要だな」

「なあ、祓わないと、どうなる？」

「おまえらの世界が地獄になる」

「え……」

「ついでにこの話もしておくか」

フワッと漂ったおじさんがパソコンのディスプレーに座りました。

創造主は宇宙全体を作ったオーナー

「人間は次元が低い生命体だから色んなエネルギー体に入り込まれる。色んな連中に憑依されてるんだよ。おまえ知らなかっただろ？　ほとんどのやつは気づかないからな。悪質な霊体に憑依されてても自覚がないやつが多いんだよ」

衝撃でした。

自分の体に色んな連中が入り込んでる？

それに気づいてない？

へえ、そうなんだ——、と軽くうなずける話じゃありません。

ゾクッとしました。

「その場の肉体を通りすぎるだけのこともある。短期間入り込むやつもいれば長期間入り込むやつもいる。入り込むのはかつて人間だった幽霊だけじゃない」

「どういう意味だ？」

「動物霊もいるし、異次元の生命体もいる。地球外の知的生命体もいる」

「宇宙人……？」

「人間も宇宙にいるから宇宙人だ」

「……ですね」

「異次元の生命体や地球外の知的生命体が人間に入り込むときはなにかメッセージを出

すときなんだよ。この世界の歴史に残るような出来事や歴史にまつわる人物の多くに彼らの関与がある」

「関与……」

「危機的な状況で人間を絶滅させないようにすることもあれば、ある程度まで戦争をさせて学ばせることもある。俺たちみたいな存在も人間に関わるが、彼らはもっと遠い昔から人間に関わってる。おまえらはずっと監視されてるんだぞ」

「監視？」

「彼らは人間を作った『主』の下で動いてる連中だよ」

「……ヌシ？」

「おまえら人間が昔から創造主と呼ぶ存在だ。輪廻転生のときにおまえがデータセンターのイメージがあるって言っただろ？　そういうのも創造主が作ったんだ。ついでに言えば人間のテクノロジーはすべて創造主のお下がりだぞ」

「え？　じゃあひょっとして、神様って――」

「人間が神様と呼ぶ存在は創造主とは違う。神様と呼ぶ存在にはかつて人間として生きた者もいるし、異次元の生命体もいるし、地球外の知的生命体もいる。創造主はそのずっと上にいる存在だよ。宇宙全体を作ったオーナーだと思えばいい。人間には想像もできないだろうな」

ああ、創業社長みたいなものかと、わたしは勝手に想像しました（笑）

「大事なことを教えておく。たとえば人間の多くがその存在を神様だと認識したら、その存在は神様になる。その逆にある存在を神様じゃないと認識したら神様じゃなくなる。仮に悪魔だと感じてそう認識したら、その存在は悪魔になる」

「思い一つってことか？」

「すべてはエネルギーだ。人間同士も同じ。あいつはすごいと大勢が思えばそいつは強いエネルギーを身にまとう。あいつはとんでもないやつだ、ダメなやつだと大勢が叩けば、そいつはエネルギーを奪われる。死に追いやられることもある」

思い一つで、善悪も、人間の価値も変わる――。

なにかが揺らぎました。

その会話を交わしているときに、ふと頭に浮かんだことがあります。

この世界、地球という宇宙の片隅にある小さな星で生まれて死んでいく人間という存在は、神様（地球外知的生命体含む）や創造主と呼ばれる人間の常識を超越した存在が行なっている育成ゲーム、いわばRPG（ロール・プレイング・ゲーム）におけるプレーヤーのような立場なのだろうか――、そんな疑問でした。

この質問に対するおじさんの返答はなし。何度尋ねても答えません。

当たっているのか、全然違うのか。判然としませんが、おじさんが答えないことはよくあること。ただ、ずっと気になっています。

悪質な霊体に憑依されない方法

憑依の続きだが、とおじさんが口にしました。

「幽霊や動物霊が入り込むときは面白半分に入るケースも多い。やつらは人間をオモチャのように扱うから面倒なんだ。電車への飛び込み自殺が起きるだろ？　自殺する理由がないのにいきなり飛び込んで遺族が頭を抱えることもある。ああいうのは地縛霊による短期的な憑依だ。肉体がない連中の嫉妬だな」

身震いしました。

わたしも電車を使います。だから他人事じゃありません。

「急に鬱《うつ》になったときも要注意だな。自分で理由がわかればいいが、思い当たる節《ふし》がないのに急激に落ちる状況は怪しい。霊体の憑依も疑ったほうがいい。落ち方が浅ければ一時的な感情だから心配いらないぞ」

そんなおじさんは、わたしが交流する精神世界やスピリチュアル世界の専門家、そして特殊能力者たちについて、かなり厳しくチェックします。

悪質な霊体に憑依されている人もいるそうで、話が盛り上がった、本作りがうまくいったにもかかわらず「もう会うな」と厳命されることがあります。

見えない世界に詳しい方々というのは、その見えない世界から常時チェックされていることが多く、良質な存在ならまだしも、悪質な存在による憑依は絶対に避けなければならないのだと、おじさんは言います。虎視眈々《こしたんたん》と狙っているそうです。

それを防ぐためにも日頃から【自分を客観的にチェックしてくれる人】が周囲に必要だとおじさんは語ります。専門家の皆さん、大丈夫ですか？

「入り込まれてもしばらくは普通の生活を送れるやつもいれば、すぐにおかしくなるやつもいる。普通の生活を送っても結局は性格や言動がおかしくなる。おかしくなると精神の病とおまえらは言うだろ？　人間の世界では人間の本質をエネルギー体と認識することすらできていないからそう言うんだ。だからいつまで経っても憑依が理解できない。エネルギー体が認識できれば大勢が助かるぞ」

「その……、どうすればそいつらに入り込まれない？」

「簡単だ」

おじさんの目が光った気がしました（たぶん光ってない）。

「没頭できることを探せ。人に迷惑をかけることはダメだが、なにかに夢中のやつには簡単に入り込めない。没頭という状況は人間の脳と心から時間の意識を消す。時間の意識が消えるとそいつのエネルギーが高まる。そのとき高次元とアクセスする。これが覚醒だ。覚醒に向かう人間を幽霊や動物霊は激しく嫌う」

「没頭、覚醒……」

「体内エネルギーが上昇すると免疫力が上がるだろ？　免疫力を上げることも憑依への防御になる。もっと入り込めないタイプがある。他人を助けようとする強いエネルギーを持っているやつだ。低レベルの次元のやつらは近づけない」

ただな、とおじさんが区切りました。

「ただ？」

「他人を助けるエネルギーの持ち主には地球外の連中が入り込みやすい。だから言動が誤解されやすくなる。性格が変わるから周囲とのトラブルが増えるんだよ」

「一長一短あるんだね」


ふと、地下アイドルを応援する知人の姿が脳裏に浮かびました。

精密機器メーカーの50代管理職で、同世代の奥さんは韓流スターの追っかけ。一人娘は両親を横目に世界中を旅して動物と触れ合う研究者。

自律性の高い一家です。

彼は毎週、オタ棒（サイリウム）を振り回します。そして「推し」の話になると止まりません。夢中で、免疫力が高そうで、推しを助けようとしている。

ということは、おかしな生命体が憑依できないパワーがあるかも？

いや……。逆になんか憑依しているかも（笑）

「悪質な霊体が最も入り込みやすいのは、いつも心配ばかりしてネガティブに考えるやつ、文句や愚痴ばかり口にするやつ、なにかと他人を不安にさせるやつだ。権力や異性や金で狂うやつもすぐに肉体を乗っ取られるぞ。欲が丸出しになった人間は絶好のターゲットだ。オモチャのように扱われ、すぐに捨てられる」

聞いていると、ある人物を思い出しました。

異性と金で狂い、仕事も家庭も友人も失った知人です。周囲をだまし、大勢を傷つけ、ついに行方不明になりました。あれも憑依だったのかもしれません。

「幽霊や動物霊の憑依が増えるとこの世界が地獄になる。そうしないためにやれることはあるが、まずはあの世やエネルギー体の存在くらい認められないとダメだ。この世界はまだそのレベルなんだよ」

おじさん特有の皮肉でしたが、わたしには願いのように聞こえました。

地獄に戻りたがっている人間もいる

「それとおまえら人間が地獄と呼ぶ世界は存在するんだぞ。人間のイメージする地獄とは違う。おまえらのイメージよりひどい世界だよ」

イメージよりひどい——。

どんなひどさなんだと、思わず尋ねました。

「詳しくは話せない。でも一つだけ教える」

「一つだけ？」

「他人を平気で傷つけるやつ。だまして金を巻《ま》き上げるやつ。不安にさせるやつ。脅すやつ。殺すやつ。他人の人生を狂わせて平気なやつ、何度も犯罪に走るやつ。そういう連中がいるだろ？」

「いる」

「悪質な霊体に一時的に憑依されてるやつもいるが、中には自分が元いた世界、つまり、おまえら人間が地獄と呼ぶ世界に戻りたがってるやつもいる」

「地獄に戻りたがってる——、えっ、戻りたい？」

おじさんは無表情でわたしを見つめました。


「そいつらにとってはいい空間なんだろうな。忘れられないんだろう。せっかくこの世界に転生することができたのに同じ生き方をする。学習しないんだな」

「——ってことは、この世界でちゃんと生きれば地獄とは別の場所に戻ることができるってこと？　地獄とは決別できるってことか？」

「そうだ。あいつらにはチャンスだよ。でも多くができない」

「チャンスを棒に振ってるのか……」

それとな、とおじさんが続けます。

「人を殺したり傷つけたりしなくても、この世界に執着や未練があるやつは向こうの世界に戻れない。この世界の持つ低いエネルギーと同調するからな。そういうやつが死んでから行くのがおまえらのいる世界に近い場所だよ。おまえらが幽霊と呼んでいる連中がいる次元だ。いわば溜まり場だよ」

「執着とか未練がある人って幽霊になるのか？」

「正確に言えばレベルの低いエネルギー体だな。だからたまに人間に見える。おまえら人間もレベルが低いから周波数が合うんだよ。おまえは見えないほうがいいぞ。変なもんに関わるな」

あいつらをちゃんと祓えるやつも少ないし——。

おじさんは消える寸前、そうつぶやきました。

悪質な連中の宣伝マンとして使われる予言者

フリーランスとして独立した直後。わたしはある作家から預かった原稿を読んでいました。そこには世界中の予言に関する独自の解釈がありました。

精神世界、スピリチュアル、都市伝説に関連する書籍を多数作りながら、わたしは心の奥底で予言を信用していませんでした。

予言は占いと同一視されますが、ちょっと違います。

あくまでもわたしの基準ですが、予言はスケールの大きなもの、占いはスケールの小さなもの。予言は国家や人類といった大きな集団が関係し、占いは個人の過去や未来に関係する。そんなイメージです。

大きな集団の持つエネルギー（人々が発するエネルギー）がまとまることはありません。そんな集団が持つエネルギーの変化も激しい。

つまりエネルギーの行く末は、どんな能力者だろうと見通せないはずです。

逆に個人のエネルギーはそれほど大きくブレません。

一時的な感情の変化で動くことはあっても、身体エネルギーの軸は一定です。だから能力者は個人のちょっと先の未来を視《み》やすいわけです。

それでも結果はコロコロ変わります。お金を払って視てもらった人も全然違う結果に憤慨することが多々あります。経験ありませんか？

つまりどんな未来も変化する、だから予言も占いもあまり当たらない……。

以上が、わたしの個人的な見解です。

おじさんにそう伝えると、大体合ってるぞと言いました。

「予言の内容を二つに分けろ。いい未来と悪い未来だ」

「いい未来と、悪い未来？」

「おまえはどっちが好きだ？」

「そりゃいい未来だろ。俺だけじゃないと思うけど」

「だったらそっちに注目しろ。大勢のエネルギーがそっちに集中すれば、悪い未来は起きない。悪い未来が現実化するのは、この世界の人間の意識エネルギーを貯蔵している場所で悪いイメージが一気に広がったときだ」

それを聞いてハッとしました。

「まさか……、予言者自身が」

「その通り。あいつらが邪悪な存在に憑依されている可能性もあるんだよ。自覚がないことが多い。世間でカリスマ化されていい気分になってるやつも多いぞ」

邪悪な存在――。

「別の世界とのアクセス能力があるから逆手《さかて》に取られてるんだろうな。悪質な連中の宣伝マンとして使われることも多い」

「宣伝マン？」

「有名になったやつには悪質な連中が目をつける。人間への憑依は簡単だ。だからこそ発言や言葉に注意しろ。普通の人間はすぐに取り込まれるぞ」

SNSで有名な人々が次々と浮かびました。

「おまえら人間の大半は心の奥底で破滅的な未来を願ってる。人類はこれまで何度も破滅してきたからな。それがデータ（遺伝子）に刷《す》り込まれてる。連中はそこを狙う」

おじさんがまるで歴史の生き証人のように見えました。

時間も暦も人間が勝手に作ったもの

その年（2011年）の暮れのこと。

東日本大震災とか、わたし自身の退職や独立とか、色んなことがあったなあ、大変な年だったなあ、長かったなあ、とおじさんに話すと、こう返されました。

「人間の一生は一瞬だぞ」

一瞬——。

まったく実感できません。

「そう言うけどさ、人間は時間とともに生きているわけだよ」

そう口にした瞬間、わたしはしまったと思いました。

「時間も暦《こよみ》も人間が勝手に作ったものだぞ。そもそも存在しない。人工的な尺度だ。時間にとらわれているうちは世界のレベルがずっと低いままだぞ」

おじさんは時間について、以前からわたしにそう講義します。

「1秒間の長さはだれが決めた？　そのスピードはだれが決めた？　1日24時間も1年365日もだれが決めた？　この世界の人間だろ？　おまえらが経験に基づいて決めたんだよ。でもそれは人間にとっての常識だ。この世界の多くの生物や地球という惑星の常識じゃない。無関係だ」

だから時間を気にするんじゃないと、おじさんは頻繁に口にします。

もうね、時間の話になると、とんでもなく長くなる（苦笑）

わたしは普通の人間です。平凡を絵に描いたような生き物です。

だから時間とともに生きている感覚しかありません。いまも。

毎日の生活リズムを刻《きざ》む尺度――。生命活動の基準。それが時間です。

時間がないと、たぶん生きている感じがしないでしょう。

それでもおじさんは時間を気にするなと言います。

「時間は伸び縮みする。没頭するとあっという間だが退屈だと時間が止まったようになるだろ？　最初から存在しないから、その場の意識で速度が変わるんだ」

先述しましたが「夢中になれば時間が消える。時間を消すことができれば人間はもっと上の世界に行けるぞ」というのも、よく言われます。

パラレルワールドは時間や行動で分かれた世界じゃない

パラレルワールド（並行世界）に関する話もおじさんから聞きました。

漫画やアニメや小説では、わたしたちの住む世界と並行して存在するまったく別の世界が、よく物語の舞台となります。パラレルワールドは人気テーマの一つです。

パラレルワールドについて、おじさんは明確に肯定《こうてい》しました。

その上でおじさんの情報をざっくりまとめると、こういう感じです。

①並行する世界同士が干渉し合うことはない（基本的に）

②なんらかの事情で干渉し合うと二つの世界で緊急事態となる

③意識や身体のレベルで他の世界に転移される（飛ばされる）ことがある

「おまえらの科学がもっと進めばパラレルワールドという存在も確認できる。すでに確認済みの科学者もいるにはいるんだけどな」

「確認済み？　なんで発表しないんだ？」

「理解できるのか？　この世界の人間はその事実を受け入れられるのか？」

いつもの無表情でしたが、なんか意味ありげな表情に見えました。


パラレルワールドについては、人間がその都度、人生で選択する瞬間の数だけ無限に存在するという世界的な説があります。

時間線（世界線）が異なる世界……、そんな言葉を耳にする方も多いでしょう。

しかしおじさんが教えてくれたパラレルワールドは違いました。

「パラレルワールドは時間や感情や行動で分かれた世界じゃない」

ん？　聞き捨てならない発言だぞと、わたしの体温が上がりました。

「その前に輪廻転生について教えておく」

輪廻転生について、おじさんの話をまとめるとこうです。

わたしたちがこの世界にやって来るとき、いわゆる魂と呼んでいるエネルギー体としてあちらの世界からやって来て、これから生まれようとする体へと入り込む。

これが生命の誕生であり、同時に輪廻転生と呼ばれる現象だと。

人間はこの世界に何度も生まれ、何度も死んでいる。その事実を思い出せないだけで、数え切れないほど生まれて死んでいる。だれもがその仕組みの中にいる。

エネルギー体はこの世界にやって来る途中で分裂する。その分裂に際してエネルギーの質が同じ、あるいは近しい関係をソウルメイトとかツインレイなどと呼ぶ。

性質上、惹《ひ》かれ合うことが多いが、一緒になるとトラブルが絶えないとも言われるソウルメイトやツインレイ。他にもグループソウルといった表現がある。

しかし……。

その分裂の前に、もっと大きくて、もっと【根源的な大分裂】がある——。

おじさんは、そう言うのです。

わたしたちはブロック別の転生をしている

「この大分裂でエネルギー体はそれぞれ違う世界（異世界）に送り込まれるんだよ。エネルギー体に選択権はないぞ」

その結果として生まれる【異世界同士の関係】こそパラレルワールドだと、おじさんは語ります。時間や行動の結果として分岐《ぶんき》された世界ではないのだと。

正直、これを言われたとき頭が混乱しました。

わたしはそれまでパラレルワールドについて、そのジャンルの専門家が言う【時間や行動で分かれた並行世界】だと信じて疑わなかったからです。


パラレルワールドは時間や思念、感情や行動で分かれた世界ではなく、初期の根源的なエネルギー大分裂で分かれた世界（異世界）――。おじさんはそう断言します。

誤解を承知で言うと、時間とか思念とか行動の結果で分かれた世界と聞くと、どこかフワッとした、なんとなく実体が薄い世界をイメージさせますが、おじさんの言うパラレルワールドは現実的で、はっきりと実体を伴う世界同士の関係でした。

つまりわたしたちがいるこの世界（この地球）も、別の世界（異世界）から見ればパラレルワールドの一つです。わたしたちが「パラレルワールドの存在」を議論するように、多くの異世界でも同じような議論をしてるってことです。

なんか奇妙な感じがしますね。

「一回の転生で数百兆のエネルギーが降り注がれる。それが数十億という数の異世界に降り立つんだよ。おまえらが基準とする時間で言えば毎日だ。毎日、エネルギーが降り注がれる世界の一つが、このブロックの地球だ。数十億の中の一つだよ」

「このブロックの地球――」

ブロックという言葉が妙に響きました。

「おまえらはブロック別の転生をしているんだぞ」

「ブロック別の転生？　その……、ブロックってなんだ？」

「異世界には似たような環境もあればまったく違う環境もある。その中で似ている世界をくくってブロックと呼んでいる。単なる呼称だよ」

同じブロックの世界同士は世界観が似ており、いまわたしたちがいる世界と同じように時間を定めて生きている世界が多いそうです。ただし、1日は24時間ではなく、1年は365日ではない。これは興味深い情報でした。

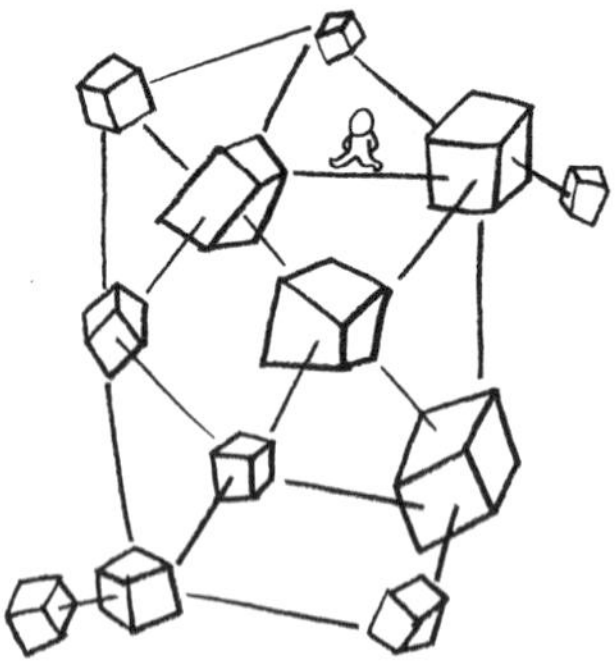

先ほどの数十億の異世界というのは宇宙全体の話であり、この地球に限ると約400の異世界が存在するそうです。異世界、400！（笑）

わたしたちに見えている世界はたったの一つ。いまわたしたちが住んでいる世界だけですが、この地球上の空間は、まるで膨大な数のミルフィーユのような構造をしているのです。わたしはそれを【多層世界】と名づけました。

なお、地球上の約400の異世界は、すべてが同じブロックじゃないそうです。異世界は多くのブロックに分かれており、急速に成長するブロックもあれば、逆に衰退《すいたい》するブロックもあるのだと、おじさんは言います。

異世界間をジャンプする連中

「おまえらの転生の目的は、その世界とブロックの成長だ。そのためには、この世界に転生したエネルギー体であるおまえらが成長しないとダメなんだ」

「成長？」

「そうだ。大量の転生と大量の世界はそのためにある」

「成長すると、どうなる？」

「なあ、それくらい自分の頭で考えろ」

おじさんいわく、同じブロックでも異世界同士が交わることは原則ないのだと。

ただし。なにかの拍子で人間が異世界にジャンプすることはある。たとえば同じブロックに存在する別の世界のエネルギーと引き合うと、たまに起きるそうです。

そのときのジャンプはエネルギー（＝心）だけが飛ぶタイムリープのような形もあるし、体ごと飛ばされるタイムスリップやタイムトリップもあるのだと。

天変地異が起きたときは空間に巨大なエネルギー・クラック（裂け目）が生じやすくなるので、ジャンプも起きやすいと、おじさんは語ります。

「体ごと飛ばされると元いた世界に戻るのは難しい。ただ一部の能力者には意図的にあちこちの世界をジャンプするやつもいる。稀《まれ》にそういう連中がいるんだ」

「そんなやつ、映画とかアニメにしかいないぞ」

「実在する。おまえらの世界でいい身分になってるやつもいるんだぞ」

でもなあ、とおじさんが口にしました。

「悪い連中もいる。他の世界に侵入してその世界を操ろう、乗っ取ろうとする。破壊目的のやつもいる。そういう連中を監視、チェックする集団もある」

わたしたちは地球上で殺し合い、憎悪《ぞうお》を抱き合いますが、おじさんの言葉を借りると、ブロック別の転生の目的はその集団ごとの成長——、レベルアップです。

それを邪魔するような異世界の連中まで存在することを考えると、同じ世界でいがみ合ってる場合じゃありません。なにやってるんですかね。

前世の記憶は自分の前世とは限らない

「おまえらがよく言う前世（以前の人生）の記憶は自分の前世とは限らない。さらに同じ世界での記憶とも限らない。異世界での前世もあるぞ」

「え……、そうなの？」

「おまえらエネルギー体があっちの世界に戻ると、一部の共有データ以外はゼロになる。個人のデータはリセットされる。それでもたまにデータが残ることがある。それが残ったまま根源の大分裂で各世界に下降すると複数の人間にそのデータが焼きつく。それをおまえらは前世とか過去生と呼んでるんだよ」

「つまり……、自分自身の前世のデータじゃないってこと？」

「そうだ。厳密に言えば違う。でも人間はファンタジーが好きだろ？　そういうことにしたいんだよ。だれかが傷つくわけじゃないなら、それでも構わない」

「ひどい前世だったら傷つくんじゃないか？」

「プログラム上、大半は生まれ落ちる前に消える。消えなくてもその記憶が自分の前世のデータじゃないとわかれば落ち着くはずだ」

おじさんはこんなことも語りました。

「転生するときに別のブロックに異動することもあるんだぞ」

「え――、俺らって同じブロックの中で転生してるんじゃないのか？」

「中にはそうじゃないやつもいるってことだ」

いわく、いまの世界（人生）で得たエネルギーを評価されて同じブロックの異世界に転生することもあるし、違うブロックに転生することもあるそうです。

その際、別の世界であれ、別のブロックであれ、いま自分が存在している世界より上のレベルだったり、下のレベルだったりするのだと。

どこに行くかは、その人物（つまりエネルギー体）がいまいる世界で、どんな人生をたどったのかによって、死後、次に転生する前に決定されるそうです。

「上のレベルなら喜んで転生するけど、下のレベルはちょっとなあ……」

「おまえらに決定権はない」

予言の当たり外れも、このブロック別の転生に関係するとおじさんは話します。

「予言が外れたと言うが、別の世界（異世界＝同じブロックだったり違うブロックだったり）で壊滅的なことが起きていることもある」

予言が外れると、人間の集合意識で災難（天変地異）を避けた、人間の潜在能力などと予言者や周囲の人々が口にしますが、実際に起きていることもあるのです。

予言者は自分のいる世界の周波数ではなく、違う世界（異世界）の周波数とマッチした結果、その違う世界の未来を偶然見てしまうというわけです。

創造主の元にデータを運ぶ役目

いま、異世界が次々と潰《つぶ》れている——。

おじさんはそう語ります。

自然界の現象（天変地異）もあるし、別の世界からやって来る悪質な連中による影響もあるけれど、潰れる最大の原因は「その世界が成長しない」ことだと。

そして成長しない世界は存在する意味がないと、おじさんは言い切ります。

「俺が勝手に言ってるんじゃないぞ。すべて創造主の方針だ」

なお、創造主にも人間みたいな感情が一切ないそうです。


ふと思いました。常に大分裂が起きてるってことは、常に大量の異世界、要するに大量のエネルギーの「受け皿《ざら》」が必要だろうと。

そうでないと、あっちの世界から降りるエネルギーの行き場がない。

「なあ、多くの世界が潰れてるんだったら、そのあたりどうするんだ？　エネルギーの受け皿の数が合わないと、あっちの世界だって困るだろ？」

「すべての世界に降り注がれる（誕生する）数はコントロールされてるんだぞ」

その言葉に鳥肌が立ちました。

「おまえら人間がそんな心配する必要はないんだよ。宇宙を作ったんだぞ？　おまえらの科学レベルで考えるな。ムダな時間だよ」

おじさんは続けました。

「創造主の元にはすべての世界のデータが集まる。俺もおまえも、この世界で多くの体験を積み、そのデータを運ぶ役目があるんだぞ」

「俺は運び屋か」

「上の次元世界から見ると壮大な仕組みと目的がある。一気に理解するのは難しい」

だから信じなくてもいいぞと、おじさんが意外な言葉を口にしました。

え？　──わたしは思わず、信じなくていいの？と聞き返しました。

「すべては受け取れないだろ？　まだ半信半疑でいい。無理するな」

その言葉で、わたしはちょっと楽になりました。

途方もない数の転生を繰り返す同志

そんなディープな会話から3年ほどが経ったある日の午後。

早朝から始まったインタビューが終わり、お気に入りのカフェでひと息ついていたわたしは、某ニュースメディアの記事をスマホで眺めていました。

すると、ある言葉に目がとまり、思わず口にしました。

「生きていてくれてありがとう」

おお生きてたか、と久しぶりに会う友人に言ったことなら何度もあるし、ありがとうという言葉は毎日のように口にします。でも――、生きていてくれてありがとう、そんな言葉は言ったことも言われたこともありません。一度も。

二つの言葉がつながると不思議な語感だなあと思っていたら、インタビューの場には現れなかったおじさんがテーブル上に登場しました。

「その言葉も、前におまえに話したブロック別の転生に関係するぞ」

どういう意味だとスマホに打ち込み、おじさんに見せました。

以下、おじさんからの説明です。

この世界に降り立ったわたしたちエネルギーは質の違いこそあれ、同じ世界の仲間みたいなもの。

この世とあの世の仕組みを踏まえると、時代や立場を変えつつ、それぞれ途方もない数の転生を繰り返す同志みたいなものだと。

すべての世界とブロックには存在する理由がある。

それは成長だ。そこには課題もある。

それぞれの世界やブロックの成長を果たすために必要なこと。

それは生まれてから死ぬまでの人生を各人がまっとうする、ということ。

経験を重ねて多様な感情を獲得する。自分を殺さず（自殺せず）、他人も殺さない。

与えられた生をムダにせず、最後まで、今回の人生の寿命までまっとうする。

それが最も重要なのだと。

その結果、わたしたちエネルギー体が成長し、世界もブロックも成長する――。


おじさんはそう話しました。コーヒーカップのすぐとなりで。

「でっかいスケールの言葉に思えてきたよ」

そうスマホに打ち、おじさんに見せるとうなずきました。


生きていてくれてありがとう。


見えない世界の仕組みを知らなくても、いい言葉だなと感じます。

ずっと先の話ですが、わたしたちの意識エネルギーが上昇したら、この言葉すらいらなくなるんでしょう。いつか迎えたいですね。そんな時代を。

おわりに

ここで、おじさんからのメッセージを掲載します。

叶わない。ままならない。報われない。うまくいかない。ダメに決まっている。
努力しても実現しない。現実は甘くない。しかたない。いつも結果が伴わない。
夢に手が届かなかった。頑張ったけど目標を達成できなかった。
意味がなかった。時間のムダだった。お金をムダにした。期待しなきゃよかった。
おまえらはすぐそう言う。だったら最初からしないほうがましだと口にする。

一つ秘密を教えておく。
おまえらの世界で循環するエネルギーの話は、この本でこいつ（著者のわたし）

が書いたから少しは理解してると思うが、この世界では叶うことじゃなく、そこに向かっていくエネルギーのほうが重要なんだ。意味がわかるか？

なにかを叶えた時点でのエネルギーより、そこに向かっていくプロセス（過程、途上）で発生するエネルギーのほうが、良質で重要度が上ってことだぞ？

叶ったときや成功したときのエネルギーは、実はたいしたレベルじゃない。

そこに向かって没頭した、努力した、懸命に取り組んだときに生まれるエネルギーのほうが重要なんだよ。


なぜか？

そのエネルギーがこの世界で成長するために一番必要だからだ。

それにプロセスで生み出されたエネルギーは、そいつが次の人生（来世）でいまより上のエネルギー体として転生する基礎になる。

いいことずくめだと思わないか？

これがおまえらの世界で【伝わっていない仕組み】の一つだ。

おまえらすぐ敗者、負け犬と言うだろ？　間違ってるぞ。犬にも失礼だ。

勝者も敗者もない。なにかに向かって熱中する、努力することが重要なんだよ。

そのときに生まれるエネルギーが一番大事なんだぞ。

叶わなかったやつらへの慰《なぐさ》めじゃないから誤解するなよ。

おまえらの世界でおまえらのエネルギーが成長する仕組みだ。よく覚えとけ。


この話を初めて聞いたときは驚きました。

あることが実現せず、時間を返せと愚痴るわたしを慰めてるのかと尋ねたところ、

「事実を言っただけだ。おまえを慰めたってしかたないだろ？」

その返しに思わず笑いました。

＊＊＊

最後まで読んでくださり、心から感謝いたします。

いま、こうして原稿を打てるのは、わたしのそばにいる小さいおじさん、今回の人生で関わってくれたすべての方々、そしてわたしが守護神と呼ぶ妻のおかげです。

この場を借りてお礼を申し上げます。
出版元のアルソスの林定昭社長にも感謝です。やっと一緒に仕事ができましたね。

伝えたいことがどれだけ伝わったのか。わたしにはわかりません。
でも一つだけ、はっきりしていることがあります。
本書を読み終えた人が、急に身の回りをキョロキョロするということです（笑）
いいんです。ぜひキョロキョロしてください。
外出時は身の安全を確保しながらキョロキョロしましょう。

では、ここでお開きとさせていただきます。
貴重なお時間をいただき、ありがとうございました。

二〇二四年一二月

瀬知洋司

【著者略歴】

瀬知洋司（せち ひろし）

フリーランス編集者・ライター。

出版プロデューサー。不定期散歩マニア。


1965年11月、福岡県福岡市生まれ。

1990年3月、早稲田大学社会科学部卒業。

新卒入社した東証上場の専門商社を7月に退社。知人に誘われるまま水商売の世界へ。そこで店の顧客（某都市銀行支店長）から「出版社とか向いてるんじゃない？」と酔った声で言われたのがきっかけで出版業界の中途採用試験を受験。駅の売店で買った朝日新聞日曜版の求人欄に掲載された出版6社を受けて5社から採用通知をもらう。

1990年11月、商業界に編集職で入社。なぜか最も知らない会社を選んでしまう。商業施設などを取材・分析する月刊専門誌の編集部に1年半、アパレル業界向けの月刊専門誌の編集部に8年在籍。2000年3月、同社を退社。流通業界のプランナーとして独立。

しかし独立起業でしくじり、またもや転職活動。拾ってくれた求人系広告会社の編集部門に半年間在籍した後、2002年5月、ビジネス社に入社。書籍編集部に配属。それまで単行本という商品に対してパッとしないイメージを持っていたが、雑誌より自由度が高い事実に気づいた途端、仕事が楽しくなる。編集長、編集部長、取締役を歴任。

2011年4月15日、同社を退社し独立。絵本、エロ本、料理本以外の幅広いジャンルで出版物の企画・編集を手掛ける。

★★★

小遣いを貯めて最初に買った本は『なぞの怪獣・珍獣を追え』（たかしよいち著、学研カラー版）、人生最後に1冊だけ手元に残すなら『陰翳礼讃』（谷崎潤一郎著、中公文庫）。

座右の銘は「錦上添花　雪中送炭」。

★★★

Instagram：瀬知洋司（hiroshi.sechi）
アメーバブログ：備忘録以上、評論未満。
Facebook：セチヒロシ

となりの小《ちい》さいおじさん

～大切《たいせつ》なことのほぼ9割《わり》は手《て》のひらサイズに教《おそ》わった～

2025年　2月　2日　第1刷発行
2025年　6月　8日　第5刷発行

著　者　瀬知洋司《せちひろし》
発行者　林　定昭
発行所　アルソス株式会社
〒203-0013
東京都東久留米市新川町 2-8-16
電話　042-420-5812（代表）
https://alsos.co.jp
印刷所　中央精版印刷株式会社

ISBN 978-4-910512-24-2 C0095